全国中小学有效教学模式指导丛书

丛书主编 **赵亚夫**

PINDE YU SHENGHUO
YOUXIAO JIAOXUE MOSHI

品德与生活
有效教学模式

胡 玲 主 编 **肖 月** **安子琴** 副主编

北京师范大学出版集团
BEIJING NORMAL UNIVERSITY PUBLISHING GROUP
北京师范大学出版社

图书在版编目(CIP)数据

品德与生活有效教学模式/胡玲主编．—北京：北京师范大学出版社，2014.7

(全国中小学有效教学模式指导丛书)

ISBN 978-7-303-13757-2

Ⅰ.①品… Ⅱ.①胡… Ⅲ.①思想品德课—教学模式—教学研究—小学 ②劳动课—教学模式—教学研究—小学 Ⅳ.①G633.202

中国版本图书馆 CIP 数据核字(2014)第 056448 号

营销中心电话 010-58802181 58805532
北师大出版社高等教育分社网 http://gaojiao.bnup.com
电子信箱 gaojiao@bnupg.com

出版发行：北京师范大学出版社 www.bnup.com
北京新街口外大街 19 号
邮政编码：100875
印　　刷：三河市兴达印务有限公司
经　　销：全国新华书店
开　　本：170 mm×230 mm
印　　张：10.5
字　　数：210 千字
版　　次：2014 年 7 月第 1 版
印　　次：2014 年 7 月第 1 次印刷
定　　价：18.00 元

策划编辑：李　志　　　责任编辑：邢自兴　鲍红玉
美术编辑：焦　丽　　　装帧设计：小吴设计
责任校对：李　菡　　　责任印制：陈　涛

全国中小学有效教学模式指导丛书

编　委　会

品德与生活有效教学模式

编　委　会

总 序

在很久以前，有一所为了应付新世界的变化，以造就英雄为教育目的的动物学校。教学目标便是克服所有动物与生俱来的缺点。为此，学校设置了跑、跳、爬、飞、游泳等课程，期望把每一种动物都培养成全能型动物。学校的办学理念是：大家都是英雄！谁也没有弱点！因此，每个进学校的动物都必须修完全部课程。

鸭子是游泳能手，飞行水平也就刚刚及格，跑的能力极差。于是，它必须拼命地加课以强化跑的技能，直到它把脚都跑烂了，跑的成绩仍长进不大。不过，学校认为，这个成绩还可以接受。但是，鸭子愈加担心，因为它可能再也没有什么可以骄傲的强项。

兔子是另一个类型。它跑得极快，可不会游泳。老师要它拼命地练习游泳，由于过度训练，最终导致它精神崩溃。

松鼠爬得飞快，却没有飞行的本领。老师不让它爬到树上，而是飞上树。在飞行课上，它一再受挫，使自己最后的一点自信也丧失了。同样的老师，还超负荷地训练了马，让马专注于爬行。结果，马在爬行课上勉强得了个C的成绩。然而，由于过度训练爬行，马最擅长的跑，成绩却是个D。

鹰是个问题学生。在爬行课上，它最终打败了所有对手立于大树的顶端。但是，取得这样的成绩，并不是老师教的——尽管老师总是对它严加管教，它却始终坚持自己的方法，才保持了骄人的成绩。

草原鼠没有上这所学校，因为学校没有打洞的课程。结果是，它们依然能够把自己的后代个个训练成专门打洞的能手。再后来，还创办了自己的私立学校。[1]

显而易见，动物学校是失败的。究其主要原因：一是它的教育目的和理念是空想的，以致教学无效；二是它的教学目标是学生不可能做到的，即便有低

---

① Fred Stopsky, Sharon Shockley Lee, Roy Tamashiro. *Social Studies in a Global Society*. Delmar Publishers Inc., 1994. 3

效的例子，也是耗费了太多的教育成本，本质上依然是无效教学。

要彻底告别动物学校，深挖学科教学内涵，提高教学质量，需要推进和实现有效教学。从操作的角度简单表述有效教学，可以用“简洁、多样、生成、意义”八字概括。“简洁”是指教学目标简单明了，该引导学生做什么、做到什么程度一目了然；教学设计结构明朗、层次清晰，怎样引导学生去做、做了或可发生的结果一目了然。“多样”是指营造开放的学习环境，引导学生多角度、多方面地进行探究活动。“生成”是指多样化的学习活动，理应促成学生的独立思考和自我建构，既然有效的教学活动的出发点和立脚点都在学生身上，教学活动本身就是引发学生提出问题和解决问题的过程。“意义”是指教学生成的结果是有意义的，即学生的进步或发展能够显见于他们的表现，既包括时下的外在行动，也包括潜在的内化过程。

我们强调把握有效教学的核心标准和操作规程，希望一线教师在实践中自我创新。为此，在编写体例方面，采用更适宜培训和自修的学习板块，帮助教师们对有效教学有更为整体的认识，以便自觉地去超越固有的教学观念，把教学中蕴含的行动智慧与力量还给学生。在编写方法方面，由问题切入、案例指引、策略运用、教学建议构成具体内容，以便教师们更容易从操作的层面理解有效教学。我们期望这套丛书，能够让教师们一看就懂、一用就灵。

我们对丛书编写强调“一个意图”和“三个视点”。

“一个意图”是为教师们“减负”提供一条途径。当然，“减负”不是不要学习，而是减去不必要的学习负担，包括各种有形的和无形的压力和无效工作，其目的是提高教学质量。为此，这套丛书力图做到：(1)精选问题和案例，尽可能减少教师们在探索有效教学过程中的困难，强化有效教学的核心观念；(2)纠正过度备课、过度使用资源和活动的现象，尽可能帮助教师们找到简便易行、效率高、效益好的办法进行教学；(3)理论结合实践，尽可能通过小文本读物呈现丰富且实用的内容，使之成为有学习价值的“备案图书”。

“三个视点”是“速成”“速立”“速用”。“速成”，即让教师们能够很快掌握有效教学原理；“速立”，即让教师们能够运用有效教学原理，进行有效的教学设计，做一个有效教师；“速用”，即让教师们能够运用各种有效的学习指导技能，完成学生的有效学习。

赵亚夫

2014 年 2 月 18 日

目 录

CONTENTS

第一章
品德与生活课程价值与有效教学模式构建的依据

引言：为什么构建有效教学模式要基于学生生活？

新课程改革以来，小学低年级(1—2 年级)课程《品德与生活》所倡导的“人性化道德”和“生活化教育”给教师带来许多观念上的冲击，教师对“道德存在于儿童的生活”“珍视童年生活的价值”“在与儿童生活世界的联系中建构课程的意义”等基本理念有了一定的理解和认识，他们在教学实践中也产生了种种改变，推进了课程的发展。

然而，我们仍然会发现品德与生活学科课堂教学中存在的一些问题：就教材讲教材的现象较为普遍，把本该灵动多彩的课堂上成了看图说话；脱离学生生活实际，说教为主、机械灌输的教学依然可见；缺少课程意识、目标意识，教学重形式轻实效，盲目表演多于深入体验与思考的引领……教学难以触动学生心灵，因而教学也难以真正实现促进学生道德发展的目的。

如果我们对课堂教学存在的问题不及时反思，积极改进，那么又何谈教学实效性呢？

陶行知先生曾说过：“要解放孩子的头脑、双手、脚、空间、时间，使他们充分得到自由的生活，从自由的生活中得到真正的教育。”这句至理名言诠释了生活教育理念的内涵和作用。道德生活是儿童自由、自觉的生活，而不是刻板、僵化的生活。生活是道德教育的出发点和归宿，要引导儿童探究生活，并在探究中融入生活、学会生活、热爱生活。

品德与生活课程的主旨是让道德教育回归并根植于儿童的生活世界，让教育变成儿童的生活。因为学生的品德与社会性发展，不能依靠知识的灌输和道德的说教来实现，教师再精彩的讲授，也不能直接转化为学生品德与社会性发展的结果，而必须通过学生自身与外界的相互作用来建构。

品德与生活课程的根本目的之一是培养儿童的“道德创造性”，要让儿童“动手动脑、有创意地生活”。道德生活是幸福、快乐的生活，因此，课程的根本目的之二是培养快乐人格，要让儿童“愉快、积极地生活”。道德生活还是对自我、他人和环境负责任的生活，因此，课程的根本目的之三是培养有责任心和爱心的人格，要让儿童“负责任、有爱心地生活”。道德生活也是身心健康的生活，因此，课程的根本目的之四就是培养健康人格，要让儿童“健康、安全地生活”。这是品德与生活课程的基本内容，可谓进一步诠释了品德教育要面向学生的生命过程，要根植于学生的生活，这样才能体现课程价值，使教学更具实效性。

那么，要使品德与生活课堂教学真正基于生活，首先，教师要不断更新观念，以先进的教育理念指导教学行为。教师要坚持先进的儿童观、教育观、教学观，关注儿童的生活世界和主体性，以儿童的生活为基础，准确课程定位，突出课程特点，努力体现课程价值，让“培养品德良好、乐于探究、热爱生活的儿童”的课程目标，得到进一步落实。

其次，教师要成为品德与生活课程的开发者。要学会在准确把握课程目标和内容标准的前提下，将课程内容与儿童的生活紧密连接，使儿童的生活成为课程内容的重要源泉，从而实现课程目标。同时，还要关注其他课程相关的教育内容，努力使课程之间建立有机联系，使之成为有机整体，运用合力促进教学的有效性。

再次，教师要基于学生生活建构适合教与学的教学模式。品德与生活课程建设的基础是儿童生活，课程目标是“培养品德良好、乐于探究、热爱生活的儿童”，因此课程实施采用的教学模式也必然基于学生生活，教学要注重立足于学生的有效学习，教学方式方法要符合学生的年龄特点，有利于激发学生的学习兴趣，促使积极思考，从而促进有效学习的形成。

最后，教师要成为儿童发展规律的研究者。实施品德与生活课程的关键是研究儿童，教师要学会在帮助每一个儿童发展的过程中研究儿童。教师要坚持研究每个儿童的生长和生活变化，研究每个儿童品德形成和发展的状况，关注儿童的生活状态和生活经验，关注儿童的道德认知、道德情感和道德行为，针对实际，有的放矢，给予儿童科学有效的指导，促进儿童发展。教师要始终把儿童自己的观念、情感和行动置于本课程的核心。

总之，基于生活，品德与生活课程才能真正走进学生的心灵，拨动学生生命的“情弦”。基于生活，品德与生活课程方可生机无限，课程的价值才能得以实现。基于生活，教学模式的建构才能更有利于学生理解、领悟生活规范，学习生活，过好生活。让我们共同创造充满生活气息的课堂吧！

一、品德与生活是基于儿童生活的课程

(一)我们了解儿童的生活吗?

看到这个问题，大家一定都觉得奇怪。我们都是做教师的，难道还不了解儿童的生活吗？其实不然，随着社会的发展，孩子们的思维和生活环境是会发生相应变化的。我们的确还需要去了解儿童的生活！

不知您是否遇到过这样的情况：课堂提问的时候，提问内容明明是比较简单的，并且学生们可以回答得很精彩，但实际上学生却不会回答，孩子们互相对望、不知所措；课堂活动的时候，原本以为学生们会很轻松地理解活动要求，将活动顺利完成，可是教师却为讲解活动规则竟然用了预计时间的两倍；课堂交流的时候，孩子们的观点各种各样，远远超出教师的预想，让我们无所适从……

这些现象出现的原因是什么呢？其实，这一切都说明我们的老师并不了解学生生活或者说对学生生活了解得不够深入、具体。现实中老师们往往简单地将学生的一些表面现象作为学生的全部生活，甚至以自己的生活经验或感知代替学生的生活，想当然地认为我们所进行的教学、设计的提问、组织的活动，学生都应该能够接受和理解，而一旦出现上述情况时，我们老师就感到茫然不可思议。应该思考的是，我们对学生生活的了解忽视了什么？显然，我们忽视了学生自身的社会生活，忽视了学生对自己在儿童世界所产生的自身感受和认识。要知道，儿童的生活世界是有其特点的。虽然我们也经历过童年，但那毕竟是过去时了，如此说来，作为品德与生活学科的教师，要有效地进行教学、达成教学目标，就必须要深入、具体地了解学生真实的、正在进行的生活。

长期以来，我们的教育教学都是在为某种理想化的目标努力地奋斗着，学校教育和课堂教学只注重为学生的未来生活做宏观设计和准备，而缺少对学生现实的、当下的生活到底需要怎样的教育教学服务的深入探讨，特别是缺少对儿童当下生活以及学习需要的了解和研究，结果导致教育教学的低效，在一定程度上阻碍了学生的积极发展。我们说，教育教学固然是一种理想的事业，它需要为满足社会发展的人才需求而服务，但教育教学终究要面对学生的活生生的现实，面对学生的生活与发展的现实，因而真正的教育和课程教学、特别是品德与生活学科的教学，应该是面对学生的真实生活，促进学生社会性发展的教育！

儿童的生活世界指的是什么呢？有学者认为，儿童的生活世界实质上是指现实生活中的儿童通过自己的生活实践，了解自己的本质，以自己的价值观衡量和调整一切生活关系(包括儿童与自然、儿童与他人、儿童与自身的关系)而创造出的感性世界。具体通俗地来说，儿童生活的世界指的是环境，也就是儿童生活的基础。儿童的社会生活则指的是儿童在自己所处环境中所从事的活动，包括他们与周围人的交往、游戏，他们会与什么样的人接触，会发生怎样的事情等，这些都是儿童的社会生活。

简单地说：儿童的生活世界就是儿童在所处的环境中通过自我体验，对周边的环境以及与人交往的规则的认识过程。这里面包括儿童对自然的认识，对与他人交往规则的理解以及对自身优势、特点与不足的了解。

有种观点认为小学生对事物认知的发展是由外部输入的，给小学生一些事物属性的信息，小学生接收了这些信息，获得印象并经过反复练习记忆，就能得到认知或智力的发展。就如同小学生对礼貌用语的多次背诵，就等于发展了小学生的道德认知一样，这是谬论。小学生的感觉来自内部，他们对事物的认知基本来自自身对身边环境的感知，外界所传授的信息对其发展绝对不是唯一起到决定性作用的因素。小学生生活在现实世界之中，每时每刻都与自然、社会、他人发生联系：在与大自然的接触中产生许许多多的问题，从而产生进一步了解的欲望；在走进社会的过程中，历经种种事件，从而明白是非、真假、善恶、美丑，树立正确的价值观；在与伙伴、成人的交往中学会沟通的技巧，从而学会做人、做事。小学生有着自己对自然、社会和他人的感性认识，在学校所学的新知识，需要借助学生原有的生活经验去理解、认同，才容易被学生接受，变成学生自己的认识。小学生原有的经验是学习的基础，知识或信息的获得是小学生通过新旧知识经验间反复的、双向的相互作用过程而建构的。只有这样，才能激发小学生的学习积极性，学习才可能是主动的。而随着社会的发展，科技的进步，周边环境日新月异的变化，小学生的生活世界也发生着巨大的变化，他们对生活世界的理解也在随着社会的发展而不断变化。他们可以借助更多的感官、更多的方式去了解世界，从而得到所需的认识。正因为如此，我们的课程一定要关注与学生生活有关的活生生的经验，要成为学生生命历程的重要组成部分，扩大学生的知识接触面，让学生在与社会环境的互动中获得完善和发展。

案例指引一：保护牙齿

老师请小朋友观看“一个小朋友因为不好好保护牙齿，去医院就医”的视频，让孩子们说这个小朋友哪里做得不好，应该怎么做？结果发现学生按照视频中小朋友的表现复述性的讲话，一会就没话可说了，出现了“和孩子的对话难以进行下去”的情况，课堂教学场面僵硬、机械。

▲是小朋友的表达能力差，还是教师选择的活动内容出现了问题呢？

案例指引二：保护动物

老师在课上出示了一些灭绝了的动物图片和被灭绝动物的数字。这时候，一个孩子站起来说：“老师，灭绝的动物还有恐龙呢！”老师认为这个孩子没有认真听讲，批评了一句，让这个孩子坐下了。

▲这个孩子是真的没有认真听讲吗？

案例指引三：学会礼貌待人

在这节课上，孩子们针对老师出示的一些在不同情况下应该如何礼貌待人的事例都进行了很好的回答。每一个学生都说得非常好，基本意思都是要有礼貌，要用礼貌用语，要知礼节、讲礼让，心中有他人。可是，在老师让学生们到讲台前把文明礼仪倡议小花贴在黑板上的时候，却出现了为争一个位置而推挤争抢、互相埋怨、还因此争执而掉眼泪的情况。

是孩子们不知道该如何运用礼貌用语或者该如何礼貌待人的标准，还是老师的教学距离学生的实际生活比较远，只关注教学内容而不关注学生现实行为习惯的培养呢？

▲针对这个教学案例，你有什么想法？

【理性思考】

案例指引一的活动出现了“和孩子的对话难以进行下去”的情况。为什么会出现这种情况呢？究其原因，就在于教师设定的活动内容与孩子的兴趣指向、生活经验产生了冲突。孩子通过观看视频这一活动，所能表达的主要内容只是视频中孩子的行为是否正确，至于视频中孩子的感受，学生是无法体会的，因为感受需要建立在学生自己已有的知识、经验以及联想的基础上，这就需要学生有同样的行为或体验才可能有感可谈，如若没有，自然是无话可说。

“保护牙齿”这个主题应该是最贴近学生生活的。但是上述案例为什么会出现困难呢？究其原因，就是教师的教学是否建立在学生的真实生活基础之上，是否关注学生的真实生活世界，是否了解学生。刷牙虽然是儿童每天生活所从事的活动，但是他们不知道为什么需要每天刷牙，这个活动仅仅是父母每天的要求，所以在这个过程中，他们更多的只是被驱使着进行，因此在这个教育主题中，教师的讨论引导就不能只局限在视频呈现的问题中，而是要引申到学生自身对相关问题的认识与思考上，以便深入具体地研讨保护牙齿的重要性和保护牙齿的具体方法，这样的教育教学才具有实效。而这样做的关键，必然是教师要充分了解学生的生活。

如果说，教师在课前了解到孩子们在保护牙齿方面的具体情况，如每天刷牙的情况、对保护牙齿和自觉刷牙的认识和想法、不良的习惯和行为有哪些等，那么，在掌握真实的学生生活基础上再进行教学的设计和教学的引导，就会使教学贴近学生生活。学生有真切的生活体验，有丰富的生活经验储备，甚至可能有对保护牙齿问题的发现与思考，这样再进行保护牙齿的问题研讨，学生就不会无话可说，教师也不会难以和学生交流。而且，教师可以把学生的生活素材转为课堂教材，使学生真切地感受到自己所学到的知识在生活中无处不在，从而学会留心观察生活，体验每个生活细节，对发现的问题进行思考和发表自己的见解，使学习成为生活的一部分，使学习更有价值，这才是这门课应该达到的目的。

《品德与生活课程标准(2011 年版)》说得很明确：“本课程是以儿童的生活为基础，以培养品德良好、乐于探究、热爱生活的儿童为目标的活动型综合课程。”所以作为这门课程的教师就必须要去了解儿童的生活，以期让学生在一种真实的环境中学会分辨是非，引发道德体验，提高道德认知，从而成为学生道德形成之路上的奠基石。

案例指引二《保护动物》课例片段中的那个孩子肯定是在认真听讲，也正因为他是在认真听讲，所以才会说出“恐龙也是灭绝的动物。”这个案例是典型的教师不了解所教学生的例子。现在很多孩子从小就喜欢看书，而且他们获取信息的渠道很多，比如电视、图画书、网络等。恐龙作为孩子们喜欢并熟知的一种灭绝的动物在儿童的世界中已经扎根了，所以孩子在此说出那句话是很正常的事情。

为什么这位老师认为这个孩子没有认真听讲呢？分析原因，应该是教师没有读懂孩子的心，没有研究孩子眼中的世界，没有从孩子的视角出发进行学习引导。教师在这种情况下断然给出否定结论，其结果显然是影响了孩子学习探究的欲望和表达思想的积极性。

儿童的生活是其成长和进步的重要源泉，也是本课程有效实施的主要源泉和基础。忽略儿童生活的教育教学就如同无源之水、无本之木，课堂教学将会成为水上浮萍，难以起到促进学生发展和成长的作用。从教学具体行为来说，加强教学针对性，增强教学实效性，必然要以学生生活为依托，以学生社会化需求为基础。珍视学生的生活价值，尊重学生的权利，让教学植根于学生的生活，绝不能将教师自己的主观意识当成学生的生活实际，并以此作为自己的教学设计和教学实施的依据。忽视对学生的理解、对学生生活的研究，就会造成教学预设过高，教学偏离学生实际，教师不懂学生的心。所以，了解儿童的生活绝不应该是一句口号，应该切实地落实到课程实施的每一个环节，真正做到贴近学生生活，从学生的生活入手。

案例指引三《学会礼貌待人》课例片段所反映的问题在教学实际中并不少见。很多时候我们发现，孩子们在课堂上说的是一个样子，而在实际生活中做的又是另外一个样子，这是什么原因？是现在的孩子不好教育了吗？不，是我们的教育脱离了学生的现实生活世界！

儿童的生活世界是发生在儿童的交往行为活动中的。儿童最早交往的对象是成人，然后扩展到同伴。儿童与成人和同伴之间的交往是有区别的。儿童与成人的交往，在一定程度上，就是一种文化的影响，现在的孩子多为独生子女，在家里备受宠爱，所以没有任何谦让的意识。而儿童与儿童的交往则是游戏的，充满着天性的。因此，他们在家庭中形成的以自我为中心的意识在此时就展现出来了，拔尖争执、互相推搡也就成了必然。但其实他们经过教育是懂得要互相谦让这个道理的，只是没有运用到生活实际中，不懂得要落实在具体的生活行为中。因为我们的教学脱离实际，缺乏针对学生生活实际的具体、生动的指导，不是在学习生活，而是在学习教学内容。

案例指引三中的教学虽然开展了不少活动，但是没有关注到儿童的现实生活、正在进行的生活，所以教学现场发生的争执现象没有被老师抓住，没有及时运用所学内容引导学生思考和有效分析处理，丧失了最鲜活的、最真实的学生生活素材和教育时机。

学习的相关理论使我们注意到，儿童的身心发展特点决定了他们的学习应该是生活化的，他们更需要在真实的生活世界中进行感悟和体验，亲力亲为。在实际教学中，如果教师能够有意识地关注学生的生活，抓住教学现场生成的各种现象，机智巧妙地、有的放矢地指导学生进行问题判断、问题分析和问题解决，那么我们的教学就真的能面向学生的生活世界，起到引领学生学会生活的作用。

以上三个案例说明，只有了解儿童的生活才能够教育好儿童，那我们该如何去了解儿童的生活呢？

要对儿童的生活世界有了解、有研究，充分认识到儿童在生活世界之中，不仅意味着他作为个体在生活和成长，而且也意味着他在“他人”之中、他在“世界”之中、他在“人类社会历史的发展过程”之中。儿童的生活世界即是儿童所生活的范围内的世界，里面有儿童根据这个现实世界进行的自我判断。而这些自我判断，受到与他人交往、所具备的能力和知识的控制。也正因为如此，教育就一定要切合儿童的生活，贴近儿童的世界。因此，要使品德与生活的课程实施更有效，就要求教师要了解自己的学生，了解他们的生活世界，了解他们的生活和思想。主要方法介绍如下：

方法一：参与、观察

苏联教育家马卡连柯曾说：“只有你观察和了解这种充实的、活泼的、幼稚的生活；只有你细心考虑这种生活，参加到这种生活里去，只有这样……才能有效而且有益。”所以，如果我们只站在儿童生活的外缘上，对儿童的面容、态度、笑貌、思虑、悲哀看作过眼烟云，全不在意，那是不能与儿童思想相通、得到他们信任的，你的教育也不能使他们口服心服。所以，我觉得作为教师要和孩子一起活动，或者在一旁看他们玩耍，观察他们的喜怒哀乐。

观察是直接获取儿童生活信息的一种便捷的方式方法。本学科教师应该注重观察什么，我们的教学应该主要观察学生的生活状况、行为表现、思想言论、情感态度等在自然情况下、在主观状况下、在不同的客观条件影响下的现象和反应，采集到这样的学生生活资料是我们进行教学的主要依据，有利于有的放矢地制定相应的教学措施，实现有效教学。

方法二：问卷、谈话、侧面了解

问卷、谈话、侧面了解是对学生的生活情况进行调查研究的一种方法。教师可以通过书面或口头回答问题的方式，客观地了解学生生活现状、言行举止和情感态度等情况。这种调查可以面对学生本身，也可以面向学生身边的朋友伙伴、家长等熟悉他们的人。这样我们对学生的社会生活情况就会了解得更加客观和全面，更有利于了解、分析学生们的内心世界，为有效教学做好基础性工作。

总而言之，只有了解孩子的生活世界，让教育走向孩子的生活世界，才能使教育成为孩子的需要和孩子的乐趣。

【建议提示】

在教学实践中，我们还应注意以下几点：

1. 要尊重事实，注意客观性、全面性

了解儿童的生活世界，一定要俯下身去切实地调查研究，触碰儿童的生活状况，决不能以自己的感觉代替学生的生活实际。我们虽然是成年人，对孩子有所了解，但是社会在发展，孩子们在现实的儿童世界中处于一种什么状态必须要实际去调查研究，不要过于主观。

2. 要抓住主要问题，透过现象分析本质

儿童的年龄特点决定他们是不可能将自己的切身感受清楚、明白地阐述出来的，也不可能就某个问题有深入的思考。所以，教师一定要通过学生在生活中的反应，分析其内含的原因，继而抓住主要的问题进行教学，这样才可以有的放矢。

3. 既要了解整体情况，也要了解个体情况

每一个孩子都需要老师的帮助，每一个孩子都是未来的主人，作为教师，我们不能放弃每一个孩子的特点。在关注儿童生活的整体情况的同时，也要关注到个体儿童的情况。只有这样，每一个孩子才能得到正常的、公平的教育。

(二)为什么要基于学生的生活?

记得美国教育家杜威先生说过："给孩子一个什么样的教育，就意味着给孩子一个什么样的生活!"辩证地理解这句话，我们发现：教育只有基于学生的生活，才能够对学生产生正确的引领和帮助。所以我们一定要关注儿童生活的世界，将我们的课程基于学生的生活，并根植于生活。

儿童生活在现实世界之中，每时每刻都与自然界、社会、他人发生联系，在与大自然的接触中产生许许多多的问号，教学要有效，就要将教学根植于学生的生活，积极地激发学生对生活中的各种问题产生进一步了解的欲望，在走进社会的过程中，明辨是非、真假、善恶，树立正确的价值观；在与伙伴、成人的交往中学会沟通的技巧，从而学会做人、做事。小学生有着自己对自然界、社会和他人的感性认识，在学校所学的新知识需要借助学生原有的生活经验，才容易被他们接受，变成他们自己的知识。

小学低年级《品德与生活》课程，是建构在学生真实生活基础上的，是一门培养学生良好品德和行为习惯、给予学生正确价值引领、指导学生学会做人做事、促进学生社会性发展的课程。实现课程目标，体现课程价值，就必须将教与学根植于学生生活，因为学生的知识获得是通过他们在生活及活动的直接经验、思考、积累而逐步建构起来的，学生的品德与社会性发展源于他们对生活的认识体验和感悟，所以课程实施、课堂教学应该紧密联系学生的生活，引导他们用自己的眼睛观察世界、用自己的心灵感受世界、用自己的方式探究世界，从而促进学生的发展。

案例指引四：秋天的收获

1. 教师提问：同学们，看这幅图，你发现了什么？

2. 教师出示农民伯伯手捧稻穗，满脸欢笑的图片，学生说看到了什么。（复述了一下图上的内容）

3. 活动与讨论：你猜猜农民伯伯是怎样得到这些饱满的稻穗的呢？（学生讨论、汇报）

4. 出示更多的劳动者在秋天收获的图片，感受劳动的快乐，丰收的幸福，秋天带给人们的收获。

教学效果：学生完全是在复述图片中的内容，说得很全面，但是没有任何兴趣。发言的人数很少，有个别孩子甚至趴在了桌子上。

▲ 从这个教学案例中，你发现了什么？为什么会出现这样的效果？

【理性思考】

在这个教学案例中，教师在教学过程中没有涉及任何来源于儿童自身生活中的活动和思考，完全是在体会他人的收获幸福，远离了儿童的生活。当教学与学生自身没有一点关系时，他们对教学就难以产生浓厚的兴趣了。在这个课例中，教师只考虑到了秋天有哪些收获，人们收获时的喜悦，却忽视了学生在秋天是否会有收获的体验和感受。教学的出发点没有着眼于学生的生活，没有珍视学生的生活价值，没有根植于学生的生活，因而造成学生丧失学习兴趣和探究欲望。

小学《品德与生活》课程的设置，鲜明地体现了道德教育回归儿童生活世界的基本理念。《品德与生活课程标准(2011 年版)》(以下简称《品德与生活课程标准》)强调“道德存在于儿童的生活中”，要“重视课程与儿童生活世界的联系”，让“课程变得对儿童有意义”，“有利于他们构建真正属于自己的知识和能力，形成内化的道德品质”。这些课程理念说明无论是课程的设置、教材的编写，还是教学的实施都要将教学植根于学生的生活，从而使教学更有效、更好地体现本课程的价值。

作为品德与生活课教师，应该深入研究《品德与生活课程标准》，理解课程理念，并用以指导自己的教学行为。教师要认真研究教学问题，找准问题根源所在，积极调整改进教学，使品德教育扎实有效，避免出现脱离学生生活、主观臆断、想当然地进行教学的情况，避免品德教育变得虚无、被动、抽象。

【建议提示】

要想使课堂真正成为学生乐学、爱学、学有所获的地方，建议教师做到：

第一，认真研读课程目标，明确课程目标的指导意义。

第二，教学要依据课程目标，活动设计要基于学生的生活，用学生经历的活动进行教学，激发学生的情感。

(三)怎样基于社会生活促进儿童的社会性发展?

我们研究这个问题，首先要研究什么是社会性发展？

从社会学的角度来看，社会性是人的基本属性，社会性发展在一定程度上也可视为人的社会化程度，作为个体心理发展的重要方面，它存在和发生于个体身上。人的社会性发展包括个体通过社会学习获得社会生活所必须具备的道德品质、价值观念、行为规范以及形成积极的生活态度和行为习惯，参与社会公共生活和实践形成相关的社会关系和社会属性以及积累社会经验和社会资本，承担社会责任和社会角色形成交往技能和自我调节能力等。概括地说，社会性发展就是人的社会属性系统的不断完善和社会参与能力的逐步提高。

还有学者认为：社会性发展是指个体由于参与社会生活、与人交往，在他固有的生物特性基础上形成的那些独特的社会特性，包括信念、价值观和行为方式等，它们使个体能够适应周围的社会环境，与周围的人们正常地相处并相互影响，从事学习、娱乐和职业活动，在实现自我完善的同时积极地影响和改造周围环境。

社会性发展的特点主要表现在两个方面：一是社会性发展几乎从个体出生就开始，一直持续终生，一些重要的社会性发展主要是在个体成年之前发生的，其中婴儿期、童年期和青少年期是社会性发展的关键阶段；二是社会性发展受到来自于家庭、同伴群体以及重要的他人等社会力量的影响。社会对个体的心理发展水平与个体的社会适应状况密切相关，对个体的心理发展、学校生活和社会成熟有重要的影响。

由于小学生处于社会性发展的关键期，所以研究者普遍认为，小学生的社会性发展着重在两个方面：小学生的社会性认知和小学生的社会性交往。

小学生社会性认知发展的趋势有三个：第一，从表面到内部，即从对外部特征、外部行为的注意到深刻的心理品质的注意。第二，从简单到复杂，即从问题的某个方面到多个方面、多维度地看待问题，思维从呆板到灵活。第三，从具体思维到抽象思维，即从弥散性的、间断性的想法到系统的、有组织的综合性的思想。

小学生的社会交往对象主要是父母、教师和同伴。小学生与父母、教师的关系从依赖开始走向自主，从对成人权威的完全信服到开始表现怀疑和思考。同时同伴交往的地位更加重要，并对小学生发展产生的影响也在逐步增大。

小学生社会性发展的过程受到很多因素的影响，有内因也有外因。小学生自身内在的影响因素主要是年龄、性别及气质等。因为社会性的形成和发展在不同的年龄阶段和身心发育阶段中有着不同的特点，因而它是影响小学生社会性发展的重要因素之一。影响小学生社会性发展的外因主要有家庭、学校、教师、同伴以及社会传媒。家庭、教师、同伴、媒体对小学生的思想、性格、个性品质、价值观等方面的健康发展具有重要的影响。

综合上述的研究分析使我们进一步认识到，促进小学生的社会性健康发展对于他们成为具有较强的社会适应能力、符合现代社会所需要的合格人才具有重要意义。而实现这些需要我们研究有效的实施方法，要做到：

以学生生活为基础，引导学生学会生活、学会做人。

以促进学生发展为本，充分发挥学生的主体作用，自主建构，积极发展。

以提高教学实效为目标，因地制宜，因人而异，加强教学的针对性和有效性。

案例指引五：我会好好吃

教师首先从学生的生活实际——一日三餐的情况记录和具体行为习惯入手，找出日常生活中饮食习惯存在的问题；然后通过生活短剧“奇奇餐厅之旅”让学生明白养成良好的饮食习惯的重要性，知道合理的饮食结构；最后通过讨论、辩论，对学生在饮食生活方面的问题进行分析判断和指导，激发学生养成好习惯的动机。

案例指引六：平安回家

1. 教师出示学生放学出校门的情景照片，请学生找找自己，说说自己放学是怎么走出校门回家的。

2. 在学生介绍交流中，引导学生关注过程，发现问题，提出问题，说明想法。

3. 引导学生讨论：在放学时可能会发生什么情况，应该注意什么，怎样做更安全。

4. 行为辨析，具体指导学生掌握安全常识和自护方法。

5. 引导学生总结，明确结论，强化认识。

▲ 这样的教学会有效吗？为什么？

【理性思考】

教师在这些课的教学中注意联系本地、本班的实际，开展有针对性的教学活动，将学生生活的具体情况和行为采集并截取，作为教学资源直接应用于教学，引导学生思考、发现、研讨，从而给予学生生活指导，帮助他们明辨是非，养成良好的生活习惯，提高道德认识。由于教学基于学生生活，学生们在课上发言积极踊跃，辩论有理有据，最后达成了一致的共识，教学效果良好。

这样的教学对于促进学生认识社会、了解社会、学会社会生活具有重要作用，促进了学生的社会性发展。

案例也给予我们思考，如果要做到有意识地积极促进学生的社会性发展，就需要老师们精心设计教学。品德与生活课教师设计的教学活动，应该是儿童所熟悉、所喜欢的活动，是在儿童生活中找得到的“生活事件”或“生活场景”。教师通过密切联系儿童生活，以主题活动或游戏为载体，引领儿童在模拟真实生活的氛围中，经历道德难题，引发他们的探索欲望，让他们在体验、感悟生活的过程中，自主建构合理的道德认知结构。同时，在教师的引导下，通过有趣的教学活动，学生在获得体验和感受的基础上，认同并接受教育，良好的个性品质得到发展，正确的价值判断得到培养，为学生学会生活、学习做人起到了促进作用。

值得注意的是，教学活动应基于儿童的生活，但并不是儿童生活的简单翻版，教师应将经过生活锤炼的、积极的、有意义的教学内容和活动形式经过一定的手段进行提炼、重组后用于教学活动。活动的目标、内容和形式都要精心设计，避免随意性和形式化。

品德与生活课程的核心是引导学生热爱生活、参与社会、学习做人。因此，强调教学内容源于生活、教学活动再现生活的最终目的，使学生通过自主参与教学活动，感悟到生活的真谛，领悟到怎样对待和处理生活中的道德问题，逐渐形成积极的生活态度，成为有爱心、有责任心、有良好行为习惯的人，为他们在今后形成健全人格打下基础。从这个意义上讲，品德教师如果只满足于课堂教学活动显然是不够的，还必须让课堂上的所悟所感回到儿童的生活中去，让他们在生活中得到进一步发展，产生知与行统一的教学效果。

【建议提示】

1. 加强教师修养，为学生社会性发展引航

小学生入学后，与教师和同学在一起相处的时间多了，在这个过程中，他们学习了与人相处、与人合作及竞争的一些基本技能技巧。师生关系及同伴关系对学生的健康人格和良好品质的发展具有重要影响。这种关系的质量既影响到儿童对学习的兴趣，对班级、学校的归属感，也影响到学生情绪、情感的发展。小学阶段还是学生个体自我概念逐渐形成的一个重要时期，小学生学业成败、社会技能增长，也来自教师及同伴的社会支持状况，这些状况好坏对其形成自信或自卑的个性品质有着很大的影响。因此，教师的教育导向、个性品格、价值观等对学生会产生很大影响，这就需要教师必须加强自身修养，提高品质和端正思想，以正确的教育思想和优秀品格给予学生正向引领和积极影响，成为学生发展的领航人。

2. 注重家校配合，创设良好的外部环境，促进学生发展

家庭是小学生社会化过程中最有影响力的动因。因为家庭是小学生社会联系中出现最早和持续最久的一个因素，而影响儿童社会性发展的家庭环境因素是多方面的，其中家庭精神环境、家庭成员之间的交往与相互作用以及家长为儿童创造的家庭心理和文化氛围都直接影响小学生的社会性发展。所以，将学校教育理念及方法及时与家长沟通，争取家长的配合，是促进学生社会性发展的不容忽视的重要途径和方法。

3. 密切结合生活实际，加强教学的针对性和有效性

教师的教学不仅要贴近学生生活，更重要的是要把握好现实生活中的教育时机，为他们提供获得真情实感的机会和实际锻炼的机会，使学生在体验中、在实践活动中、在真实的生活实际中获得切实的社会性健康发展，不摆花架子，不做表面文章。

二、品德与生活关乎儿童生活习惯的养成

（一）如何认识品德与生活课中的习惯养成教育？

习惯是个体素质内化积累水平的重要指标。叶圣陶先生曾经说过："什么是教育，简单一句话，就是要养成良好的习惯。"而习惯养成教育，是指儿童的道德品质和行为习惯的养成和教育，说到底，就是教会儿童怎样做人。

小学低年级阶段是儿童从幼儿园生活向小学生活过渡并逐步适应学校生活的重要时期，也是儿童品德和行为习惯、生活态度、认知能力发展的重要时期。因此，培养学生良好的生活行为习惯对于教师来说是至关重要的，它将影响学生的一生。

那么，习惯养成教育在品德与生活课程中有哪些体现呢？

首先，课程性质中把对学生进行良好品德与行为习惯的培养放在首位，足以证明这项教育内容在本课程中占有举足轻重的位置。

课程性质是这样描述的："品德与生活课程是一门以小学低年级儿童的生活为基础，以培养具有良好品德与行为习惯、乐于探究、热爱生活的儿童为目标的活动型综合课程。"

其次，《品德与生活课程标准》中的"课程目标——行为与习惯"部分有明确的规定。

课程总目标是："品德与生活课程旨在培养具有良好品德和行为习惯、乐于探究、热爱生活的儿童。"而"行为与习惯"作为品德与生活课程四维目标之一，更是具体规范了我们的培养目标："初步养成良好的生活、卫生习惯。养成基本的文明行为习惯。乐于参加劳动和有意义的活动。保护环境，爱惜资源。"

最后，《品德与生活课程标准》中的课程内容部分，更是具体阐明了对习惯养成教育的要求。

在课程内容部分，"健康、安全地生活"这方面也写明："初步养成良好的生活、卫生习惯：按时作息，生活有规律；养成良好的饮食和个人卫生习惯；生活中自己能做的事情自己做；爱护家庭和公共环境卫生；知道初步的保健常识并在生活中运用。"

在此基础上，依据《品德与生活课程标准》所编写的教材，也以不同的方式体现了对学生进行生活习惯养成和品德教育的教学内容。主要有："在文明习惯培养中进行品德教育"，如对学生进行文明交往、诚实做人、孝敬父母、关心老人、关爱残疾人、乐于助人、保护环境、爱惜资源、遵章守纪、规范自我等教育；"在生活习惯培养中进行品德教育"，如对学生进行按时作息、办事认真、热爱科学、讲究卫生、珍惜生命、保护自我等教育；"在学习习惯培养中进行品德教育"，如对学生进行做事认真、不敷衍、勤于思考、乐于探究等方面的教育。

这些内容都立足于对学生进行良好品德和行为习惯的培养，为学会生活、学会做人打下基础。

案例指引七：要吃好

一位教师在进行《要吃好》一课的教学时，通过课前调查，了解到很多学生不喜欢吃胡萝卜、洋葱等食物。为了让学生懂得合理饮食的重要性，课堂上教师针对学生存在的实际情况，引发讨论"你知道哪些食物有营养吗？"顿时激发起学生参与的兴趣。有的学生说："多喝牛奶有营养。"有的说："多吃鱼能让人聪明，我妈经常给我做鱼吃。"还有的说："我知道胡萝卜和豆腐有营养，可我就是不喜欢吃。""洋葱也有营养，可我也不爱吃。"等等。面对学生的回答，教师故作疑惑地问："像他们这样，明明知道有些食物很有营养，但就是从心里不接受它，不喜欢吃，为什么啊?"在学生表达心声的基础上，教师语重心长地说道："其实我特别能理解你们，但是为了自己的身体健康，我们还应该拿出勇气来。那你应该怎样对待那些不爱吃又有营养的食物呢?"学生纷纷表达想去挑战自己，要敢于尝试的愿望。此时，教师鼓励学生说："你可以每次先少吃一点，慢慢就适应了，坚持下来，你的身体会更棒!"为了督促学生，教师还针对学生的实际问题制作了学生家庭合理饮食评价表，请家长帮忙完成。

▲从这个案例中，你感悟到什么?

【理性思考】

从上面的案例中，老师们一定感受到了，教师能针对学生在饮食习惯上存在的实际问题，创设问题情境，引发学生的思考与交流。教师是站在学生的角度，体会他们生活中的内心感受，循循善诱引导学生，帮助他们解决思想和认识上的问题。教师不是一味地告诉学生应该怎样，而是从学生真实的生活体验出发，激励学生愿意拿出勇气，尝试挑战自己。教师对学生行为的指导是切合学生实际、符合学生身心特点的，同时考虑到良好生活习惯的养成不是一蹴而就的事，要循序渐进，要坚持；而且教师也意识到对于学生饮食的习惯上的问题也不是一节课就能解决的，需要家长的密切配合，共同督促完成。

《品德与生活课程标准》指出："在教学过程中应改变偏重道德说教、偏重形式，忽视儿童的真实体验与良好行为习惯形成的倾向。"这样的教学紧紧围绕学生生活中存在的实际问题，从学生的生活经验出发，强化学生的认知，给予学生情感的激励，并有效地引导了学生的生活。

我国目前处于特定的历史发展时期，儿童在习惯上存在很多毛病，任性、霸道，缺乏与他人合作的精神和责任感，缺乏环保意识和独立生活的能力，集体观念淡薄，意志力薄弱，不能面对困难和挫折。这些问题严重影响了学生的身心发展。

促使学生养成良好的生活习惯，是培养学生良好品德的重要基础。品德与生活课程就是根据小学低年级儿童品德发展的规律和认知特点，渗透对儿童的情感、态度、价值观的教育，重视儿童良好品德与行为习惯的养成。因此，对于每一位品德与生活学科教师来说，促进学生良好行为习惯的养成，是教学中要完成的重要任务和必须承担的责任。我们要通过不懈的努力为学生养成良好的生活习惯并最终形成良好品德打下扎实的基础。

【建议提示】

1. 要明确品德与生活课程对于儿童良好习惯养成的重要性

少年儿童时期是培养一个人行为习惯的最佳时期。而品德与生活课程作为一门以儿童生活为基础，以培养品德良好、乐于探究、热爱生活为目标的活动型综合课程，担负着学生良好生活习惯养成教育的重任。

课程以三条主线和四个方面交织构成儿童生活的基本层面。而其中对四个方面的具体阐述，揭示了学生生活习惯养成教育的重要内容。如健康、安全地生活是儿童生活的前提和基础，它旨在使儿童从小知道珍爱生命，养成良好的生活习惯，获得基本的健康意识和生活能力，初步了解人与环境的生存关系，为其一生身心健康地发展打下基础。

2. 要明确学生生活习惯的养成有一定的连续性

儿童品德和行为习惯的形成、知识和经验的积累、能力与智慧的增长是在其生活中综合地实现的，是一个连续的发展过程。因此，我们不要认为通过一节课的教学就能达成目标，使学生养成良好的生活习惯。它需要一个过程，需要学生的认同和情感的接纳，需要教师给予行为的具体指导。所以加强教育活动之间的整合与连续，对学生生活习惯的养成和提高课程的实效性至关重要。

(二)怎样运用有关的知识进行生活习惯养成和品德教育?

首先，我们了解一下什么是知识？什么是道德知识？

知识是指人类在实践中认识客观世界(包括人类自身)的成果。它包括事实、信息、描述或在教育和实践中获得的技能。

道德知识是对有关道德领域中各种直接经验和间接经验及其活动过程的了解和认知，是人们在社会实践中对道德关系和道德生活的理性反映和经验积累，以及对行为及其社会价值的总结和概括。

在品德与生活课程中，有哪些道德知识涉及学生生活习惯的养成和品德教育呢？

课程目标中对于“知识与技能”有具体的描述：掌握自己生活需要的基本知识和基本技能；初步了解生活中的自然、社会常识；了解有关祖国的初步知识。那么，对应课程目标，课程内容中就涉及“知道初步的保健常识；了解儿童易发疾病的有关知识；了解家乡的风景名胜、主要物产等有关知识”。

老师们应该明白，作为德育课程不是以知识为体系建构的课程，学生品德的学习不同于某些课程知识和技能的学习。因为儿童是学习的主体，学生品德的形成和社会性的发展，是在各种活动中通过自身与外界的相互作用来实现的。

我们在课堂教学中还会发现这样一些现象：有些教师对道德知识和品德与生活的关系在认识上存在模糊，课堂教学显现出知识类课程的形态。如何将有关道德的知识，或者道德方面的规范真正落实在课堂教学中，从而促进学生品德的形成和良好生活习惯的养成呢？

学生品德的形成和生活习惯的养成源于他们对生活的体验、认识和感悟。只有源于学生生活的教育活动才能引发他们内心的而非表面的道德情感，真实而非虚假的道德体验和道德认识。所以，道德知识的讲授要贴近学生的生活，要在一定的情境下进行，要引发学生的体验和感悟，强化学生对于良好品德和生活习惯的认识，使其明确行为要求，内化情感，从而指导学生的生活。

案例指引八：做有礼貌的小学生

环节一：师生问好

今天我们有远道而来的客人，我们应该怎样做呢？

学生向听课者问好。

（点评：从迎接客人的礼貌用语引入本课教学内容，开端是良好的）

环节二：学生交流使用过的礼貌用语

谁能说一说你都在什么情况下使用过礼貌用语，别人的表现是什么？

学生分别叙述和谁使用过“你好”“谢谢”“再见”等。

（点评：学生能说出曾经和谁用过礼貌用语，但没有深入思考为什么用？并不知道在与人交往中文明礼貌的重要性）

环节三：运用礼貌用语交朋友

学生下座位，和本班同学交朋友；走近听课的老师和老师交朋友；送出自己的礼貌标志，看谁交的朋友多。

（点评：教学活动只有行为，没有教师的进一步引导和实际体验的研讨，因此，学生也只是在本班和本堂课上多交了几个朋友，仅此而已，思想认识没有提高，还是在原来的基础上，教学的有效性和教学目标的达成度都未显现）

环节四：课堂小结

听讲礼貌的歌曲，然后下课。

（点评：此环节与前面各环节教学之间的联系是什么？缺乏教师的引导和指导学生在思想认识上的提升，忽视了良好习惯的培养教育）

案例指引九：坐、立、走，姿势好

环节一：看一看、说一说

看“视频”激趣、发现——你喜欢谁的姿势？

（点评：上课伊始，引发学生的兴趣，引导学生开始关注平时坐、立、走的姿势，调动学生参与的积极性）

环节二：做一做、练一练

我们这样才更棒——坐正、站直、走得精神。

练习展示：在这些情况下，怎样做好？

学生在不同的情境下练习、评价、汇报、交流；

（点评：学生在各种情境下思考、学习、演练、评价，在做中发现，做中学习，做中提高，知道生活、学习中正确的坐、立、走的姿势，并主动去做，为良好习惯的养成奠定基础）

环节三：想一想、问一问

播放奥运会上礼仪小姐、播音员、阅兵式中解放军等画面。

深入思考：我们为什么要养成坐、立、走姿势的好习惯？

（点评：引导学生进一步思考，在交流中初步了解人体姿势与身体健康、精神面貌的关系，愿意坐、立、走姿势好，学生的思想认识有一定的提升）

环节四：比一比、赛一赛

比一比——姿势端正我做到。

课后活动

（点评：课上巩固练习，课外延伸，注意引导学生在实际生活中养成好习惯）

▲你从以上两个案例中发现了什么？

【理性思考】

从案例指引八中我们可以看到，教师在进行教学的过程中，关注的仅仅是怎样用礼貌用语与客人打招呼、用礼貌用语交朋友，而忽视了对礼貌用语内涵的理解，忽视了对学生文明礼仪习惯的养成教育。

教师没有理解品德与生活课程的最终目的以及习惯养成教育在教学中的体现，就内容讲内容，就教材讲教材，教学的视野狭窄，教学只会变得机械、封闭、肤浅，难以触动学生心灵，难以激发学生的真情实感。

其实，本节课最主要的目的是通过课堂教学，让学生学会正确使用基本的礼貌用语，懂得正确使用礼貌用语是对人尊重的表现，为学生养成讲文明有礼貌的好习惯奠定基础。

在本节课教学中，教师虽然有意识地联系学生生活的实际，但忽略了学生已有的生活经验，只是空洞地讲解、示范，学生的学习兴趣自然不高。实际上，·年级的小学生对于基本的礼貌用语并不陌生，但对于它们的真正含义、怎样正确使用以及使用的好处等，知之不多、理解不深。因此，在学生原有认知的基础上，教师要结合具体环境，使学生理解每种礼貌用语的含义、用法及作用，从而学会使用礼貌用语，增强使用礼貌用语的自觉性，为养成使用礼貌用语的良好习惯奠定基础。

我们再来看看案例指引九，这一课旨在指导学生知道怎样才是正确的坐、立、走姿势，初步学习根据不同的场合选择文明有礼的姿态，并引导学生健康、安全地生活。使儿童从小懂得珍爱生命，养成良好的生活习惯，获得基本的健康意识和生活能力。

在教学中，教师创设不同的情境，引导学生在活动中发现，在实践中学习，认识到怎样才是正确的坐、立、走姿势，体会到养成正确坐立走的良好生活习惯对于学习和生活的重要意义。如课堂伊始，教师让学生观察，发现在坐、立、走方面做得好的同学，使其初步树立愿意这样做的美好愿望。对于如何正确的坐、立、走，教给学生方法与要领，并激励学生运用方法尝试练习，进而演练、评价，给予学生具体的行为指导。在此基础上，播放奥运会上礼仪小姐、播音员、阅兵式中的解放军等画面，引发学生思考“我们为什么要养成正确的坐、立、走的好习惯?”这个问题，激起学生对于这些生活画面展现出来的深层次的内涵的深刻挖掘。在交流与讨论中，感悟到正确的坐、立、走姿势是尊重别人、有礼貌的表现，能表现出良好的精神风貌。对于意义的理解，提升了学生的认识，从而激发学生自觉地行动。课尾，教师还激励学生在生活中保持正确的坐、立、走姿势，逐步养成良好的坐、立、走习惯。

可见，本课教学过程具有如下突出的特点：一是坚持“做中学”，让学生在活动中有所收获；二是营造生活情境，课堂训练学以致用；三是教学延伸课外，活动中养成好习惯。

这样的教学，不是简单地对正确的坐、立、走姿势的讲授，而是将什么是正确的坐、立、走的姿势和为什么要养成良好的坐、立、走姿势等知识的学习与学生的生活实际紧密相连，让学生在情境中体验，在实践操练中感悟，这将对学生良好的生活习惯的养成起到促进作用。

【建议提示】

为了发挥道德知识对于学生生活习惯养成和品德教育的作用，建议教师做到：

1. 教学要让学生在原有认知基础上有进一步的提升

我们都知道教学要关注儿童的实际生活，关注儿童的兴趣和需要，关注儿童成长中的困惑与问题，从中捕捉有教育价值的话题作为教学内容或课程的生长点，提高教学的针对性。

那么，品德与生活课程面对的是一二年级的小学生，他们的心理发展特点决定了他们在行为习惯方面需要具体的、形象化的、明确的行为引导，而不是过于宏观的、方向性的要求。

因此，在教学过程中，我们要依据课程理念、课程目标要求、教材内容和学生的实际情况等，制定出切实可行的教学设计，充分发挥道德知识在教学中的有效性，指导学生的日常行为规范。特别要考虑学生原有的基础是什么，怎样在学生原有基础上进一步提升思想认识，促进其良好行为习惯的养成。我们要为促进每个儿童在原有水平上发展提供体验的场域和活动的空间，让他们有充分展示的机会，从而养成良好的生活习惯，形成积极向上的道德情感，从而实现课程的教育价值。

2. 选择正确合理的方式对学生进行习惯养成教育

在行为习惯养成教育中，我们常常发现学生有校内校外、人前人后行为不一致的现象。究其原因，除学生年幼意志薄弱，自控能力差外，往往是规范准则未内化为他们自己的价值观念。因此，强化规范教育，不仅要优化外部环境，更要激发学生的内部动机，促使其把社会和学校提出的生活行为规范和期望变成学生自己的内在需要，才能自觉规范自己的行为，养成良好的生活习惯。

教学中，我们可以依据品德与生活的学科特点，以儿童生活为基础，紧紧围绕教学目标，采用学生易于、乐于接受的学习方式，设计贴近学生生活的活动，将道德知识潜移默化渗透在教学过程中，促进学生的自主体验和感悟，帮助学生养成良好的生活习惯。

在活动中要注重学生积极情感的发展，不要仅仅局限于教材的具体内容，机械、狭隘、封闭地进行教学。教学时空不应该局限于课堂40分钟，应把课上、课下的活动有机结合起来，促进学生的知行统一。教师只有在教学中不断地探索新的学习方式，并且致力于学生良好学习习惯的培养，才能真正达到品德与生活课程的育人目标。

三、课程意识是教师有效教学的前提

(一)有课程意识和没有课程意识，对品德教育有什么不同?

新的课程观认为课程是一个开放的、动态的、生长的生态系统。课程不只是知识的载体，而是教师和学生共同探求新知的过程，教师和学生是课程的有机构成部分，并作为相互作用的主体。教师即课程，学生即课程，教师和学生都是课程的创造者和主体。

教师对新课程的理解和参与是推行新课程的前提，课程观决定教学观，并因此决定教学改革的深度和广度。教师的专业成长，应当首先从教学意识向课程意识转变，但现实中的广大教师对课程意识不甚了解，有的教师认为可有可无，有的教师认为与教学实践关联不大。

什么是课程意识？树立课程意识的意义何在？品德与生活课教师应如何增强课程意识呢？

1. 课程意识的内涵

专家研究认为：课程意识是教师的一种基本专业意识，属于教师在教育领域的社会意识范畴。作为一种特定形态的社会意识，课程意识是教师对课程系统的基本认识，是对课程设计与实施的基本反映。它包括教师对课程本质、课程结构与功能、特定课程的性质与价值、课程目标、课程内容、课程的学习活动方式、课程评价、课程设计与实施等方面的基本看法、核心理念以及在课程实施中的指导思想。

课程意识作为对课程存在的反映，其基本形式是观念层面的，它在本质上就是教师教育行为中或明确或隐含的“课程哲学”。这里所说的“课程哲学”，不是指课程理论体系中的一个研究领域甚至一门学科，而是一种意识形态。“课程哲学”作为课程意识的表现形态，它必然包括教师在教育行为过程中的课程观与课程方法论。

根据一些学者对课程意识的研究，我们尝试给品德与生活教师的课程意识做一个界定，即在课程实施中，品德与生活教师自觉地体现课程性质和课程理念，关注课程总目标的落实并在教学过程中不断审视教学目标的合理性，关注教学过程的教育意义和教学结果的价值并根据教学实际灵活地选择方法实施有效教学，从而真正形成课程实践的自觉性和敏感性。

课程意识就是人们在考虑教学时，对于什么是课程、为什么开设课程等有关课程意义一类问题的敏感性和自觉性。人们的课程意识有层次之分，有强弱之别、合理与否之分。

课程意识与教学意识有什么区别呢？课程是一个大概念，而教学则是课程的冰山一角，仅仅是课程实施的一个步骤。在目标达成上，课程除关注目标价值的实现外，还更多地关注“人”的发展。而教学仅仅关注目标是否实现，简单地说，给定一个教学目标，实现了就是有效教学。实践中，课程不追求发挥到极致，而是要求教与学的恰到好处，同时关注结构是否合理，以便做出修正；而具体的教学行为则可以发挥到极致。因此，假若课程目标制定合理，教学行为发挥越极致越能接近或达到课程目标；反之，课程目标不切实际，教学行为发挥越极致其危害越大。

统观全局，课程意识强调课程的教学价值，教学意识强调教学技术。具体分析二者存在以下不同：

(1)在对待教学目标上。

教学意识者认为：教师为学生设计的教学目标只要予以实现、达成，那么可以认为教师的教学是有效的。

课程意识者认为：如果教学目标本身存在问题，不符合教育目的、社会需要、学生实际，那么即使教师按规定完成了教学目标，表面上教学行为可以认定为有效，其教学意义也已经大大降低了。

(2)在对待学习过程上。

教学意识者认为：教师只注重教学目标是否实现，对教师的具体教学行为未必予以追究。

课程意识者认为：教师要追问教学目标是怎样实现的，其过程是否有教育意义。

(3)在对待学习结果上。

教学意识者认为：教师只关注学生直接的学习结果，具体成绩。

课程意识者认为：教师虽然不排除学习结果的重要性，但教学必须符合学生的身心健康和人格的养成，有效落实课程的总目标要求。

2. 树立课程意识的意义

课程意识影响着教师的教育理念。它作为教育领域中一种意识形态的“课程哲学”，是教师教育理念中的重要组成部分。教师如何看待课程的本质，如何理解特定课程的性质与价值，直接影响着教师的教学观、教学质量观以及教育评价观。

课程意识影响着教师对整个教育活动体系的认识与理解，也影响着教师对整个课程系统的认识、理解与处理方式。具有课程意识的教师往往以整合的理念和策略对待教育活动体系中的各个子系统和教育要素，并且只要涉及课程，便不再仅仅把课程视为教学内容，而是从课程系统的角度来把握课程问题。

课程意识影响着教师在教育中的角色乃至在教育中的生活方式。从理论上说，课程设计一般要考虑教师在课程实施中的地位和作用，并为教师的自主创造留有空间。由静态设计的课程过渡到动态实施的课程，必然需要教师以某种独特的角色主动参与课程发展。然而，在课程实施的过程中，教师以何种角色呈现在课程中，在一定程度上取决于教师的课程意识或"课程哲学"，取决于教师对课程的理解和整体把握。

3. 品德与生活教师树立课程意识的意义

(1)直接影响课程实施的质量。

明确的课程意识支配着教师的教育理念、教育行为方式、教师角色乃至教师在教育中的存在方式与生活方式。具有课程意识的教师以自己对课程的独特理解为基础，从目标、课程、教学、评价等维度来整体规划教育活动和行为方式，从而成为课程的动态构建者、课程的生成者。

(2)直接影响教师的专业发展。

首先，课程意识能够促使品德与生活教师不断深入地领悟课程总目标，而这决定着品德与生活教师专业化发展的程度。

其次，课程意识能够引领教师进行有效的课程实践，促进教师在课程实施中获得自身专业水平的提升。

最后，教师在课程实施中的角色定位需要课程意识的定向引导，所以品德与生活教师的课程意识是教师专业意识觉醒的一个主要标志。

案例指引十：家乡物产多又多

1. 指导学生通过各种方式了解和收集家乡物产资料，每人带一些实物。

2. 采用猜物产和展示、介绍的形式，组织学生了解家乡的物产，教师随之介绍一些家乡的物产及与物产有关的知识。

3. 学生互相交流，分享品尝家乡物产。

学生参与积极，发言踊跃，课堂十分热烈，气氛活跃。

4. 齐读一首有关"家乡物产多又多"的儿歌，结束全课。

▲你认为这节课体现课程价值了吗？为什么？问题在哪里？

案例指引十一：秋天在哪里

一位教师制定了《秋天在哪里》一课的教学目标：

1. 知识与技能：了解秋天的农作物、花草树木、小动物、气候、人们生活等方面的变化，观察认识秋天的季节特征，感知秋天里大自然的美，培养观察、表达、合作能力，初步学习照顾自己的本领。

2. 过程与方法：通过观察、比较、调查等方法，了解与秋天有关的自然现象和知识以及生活中的自然常识。

3. 情感态度与价值观：感受到大自然秋天的美丽，激发学生亲近大自然、探索大自然的欲望与热爱大自然的情感。

▲ 你认为这节课教学目标的制定着眼在哪些方面？

案例指引十二：垃圾与我们的环境

1. 观察：教师指导学生观察家中有哪些垃圾，统计每天产生多少垃圾；观察学校、社区有哪些垃圾和对生活环境的影响。

2. 小组交流：学生将自己观察和收集的资料与小组同学分享交流，感知什么是垃圾，了解家里每天产生多少垃圾。

3. 班级交流并算账：一家每天产生多少垃圾，全班40个家庭每天产生多少垃圾……形象感知垃圾量多，占地面积大，产生影响大。

4. 讨论：垃圾对生活环境的影响是什么？（师生展示自己收集的有关资料，分析垃圾对环境的影响。）

5. 进一步讨论：如何减少垃圾？保护环境我们能做什么？

6. 总结提升：引导学生共同总结，认识到保护环境的重要，保护环境从我做起。

▲ 为什么教师关注课程资源的开发与利用？

案例指引十三：我家门前新事多

教师在进行《我家门前新事多》一课教学时，注意引导学生运用他们喜闻乐见的方法归纳整理，总结展示探究成果，学生先后总结出如讲一讲、唱一唱、演一演、贴一贴、填一填、画一画、写一写、做一做等展示材料的方法，而每一项里又蕴含多种表现方式，而这种种方式都来自学生的聪明才智和创新设想。在这节课上，小画家绘制豆画展现秋天农民收获的快乐场景，小作家创作童谣配儿童画展现人们秋日的喜悦，小音乐家创作秋歌展现学生对秋天和大自然的热爱。学生通过各种喜爱的方式向我们展现了丰富多彩、充满乐趣的创意生活。

▲ 为什么要采用多样的教学方式引导学生体验感悟？

【理性思考】

深入分析案例，我们会发现：

案例指引十《家乡物产多又多》一课旨在帮助学生运用调查、采访等方法收集有关家乡物产的资料，并学习与同学交流，分享自己收集的资料和成果，了解一些家乡的自然资源，激发他们对家乡的热爱之情，从而达到注重培养品德良好、乐于探究、热爱生活的儿童的课程总目标。在这节课教学中，家乡物产信息的了解、交流、品尝不是目的，目的在于以此激发学生热爱家乡之情，然而这位教师却将本课教学终结在家乡物产介绍、交流和品尝活动中。想想这样教学的结果会给学生留下什么？课堂虽然活跃了，学生参与活动了，但是这样的课堂活跃的意义又在哪里呢？课程的价值在哪里呢？教学停留在浅显的家乡物产信息交流中，而缺乏引导学生感受家乡的美好、产生家乡自豪感的意识。问题的根源是什么，显然是教师缺乏课程意识，没有站在课程的高度去思考教学，思考对学生价值观的引领，而仅仅是将教学视角禁锢在教材的具体内容中，缺失教学意义，影响教学实效。

在对待教学目标上，教学意识者认为，教师为学生设计的教学目标只要予以实现、达成，那么可以认为教师的教学是有效的；课程意识者认为，如果教学目标本身存在问题，没有多大价值，是不符合教育目的、社会需要、学生实际的，那么即使教师按规定完成了教学目标，表面上教学行为可以认定为有效，但教学意义已经大大降低了。案例指引十一中的教师所制定的教学目标涵盖情感态度、知识能力、行为习惯、过程方法多个维度，符合学生年龄特点，突出学科特点，关照课程期待，反映出了教师对品德与生活课程价值的深度理解，对课程目标的正确把握以及在课程实施中的有效体现。教师在制定教学目标时既珍视学生生活的价值、关注学生的成长发展，又能以儿童与自然、儿童与社会、儿童与自我的课程为主线，立足于学生生活经验和自然与社会的现实，教学目标制定体现课程的意义，为有效教学奠定了良好的基础。这一切源于教师较强的课程意识。

案例指引十二中的教师自觉、有意识地转变教育观念，积极开发和利用课程资源，拓宽课堂与学校的空间和途径，引导学生向家庭、校外延伸，向社区延伸，优化组合学校和社会资源，充分挖掘地方自然条件、社会条件、生活状况等方面的课程资源，运用这些资源使教学生动、形象、具体，从而帮助学生获得真实感受和新的认识。值得注意的是，教师能有意识地指导学生进行课程资源的开发，这使得教育教学延伸到了课堂以外，拓宽了学生的视野和认知层面，为教学有效实施起到很重要的作用。

案例指引十三中的教师给学生留下时间、空间和机会，放手让学生大胆地去想、去看、去说、去画、去做，既教给学习方法，又教给获取知识的途径，真正做到了引导儿童在体验自身生活和参与社会生活的过程中学会热爱生活、创造生活，学会关心、学习做人、主动探究，发展创新意识和实践能力。

教学实践与理性思考使我们认识到，没有教学意识的教师不是合格的教师，但只有教学意识而没有课程意识的教师很难成为一位真正优秀的教师！课程意识在相当大的程度上决定着学校和教师实施新课程的质量和水平。所以，从教学意识向课程意识扩展，应该成为教师的共同追求。

1. 课程意识影响教师对课程系统的认识、理解与处理方式，是课程价值的全面体现

课程意识作为教育领域中一种意识形态的“课程哲学”，是教师教育理念中的重要组成部分。教师如何看待课程的本质，如何理解特定课程的性质与价值，直接影响着教师的教学观、教学质量观以及教育评价观。

2. 课程意识影响教学目标定位与教学实施

具有课程意识的教师首先关心的是这样的前提性问题：要实现的知识与技能、

过程与方法、情感态度与价值观的三维教学目标合理吗？如果预设的三维教学目标本身存在着不合理的地方，即使实现了既定的教学目标也不能称作有效教学，而可能是低效或无效教学。我们常常发现，一些教师确立的教学目标或者不切合学生的年龄特点，或者忽视学生的学习基础。这些确定教学目标的做法，就是缺少课程意识的表现。具有课程意识的教师，会首先去思考、论证和回答教学目标的合理性问题。

3. 课程意识影响课程资源的开发与利用

当前，许多教师只是简单地把新课标倡导的课程理念视为与教学理念等同的概念，对于课程理念的本来意义并没有引起足够的重视。教师使用的是新教材，头脑里装的却是旧的课程理念。课程开发能力缺乏，学科视野狭窄，主体地位蒙蔽，就是教师课程意识不足的主要表现。而新课标倡导教师挖掘无穷的课程资源，开发、实施校本课程，这就要求教师具有明确的课程资源意识，引导学生关注生活、关注现实，从现实生活中发现问题，提出活动主题，并在活动过程中根据活动的主题不断地开发和利用潜在的资源。

4. 课程意识影响教师对教学过程的有效调控

课程意识影响着教师对整个教育活动体系的认识与理解，也影响着教师对整个课程系统的认识、理解与处理方式。具有课程意识的教师往往以整合的理念和策略对待教育活动体系中的各个子系统和教育要素，并且只要涉及课程，便不再仅仅把课程视为教学内容，而是从课程系统的角度来把握课程问题。

5. 课程意识影响着教师在教学中的角色

从理论上说，课程设计一般要考虑教师在课程实施中的地位和作用，并为教师的自主创造留有空间。由静态设计的课程过渡到动态实施的课程，必然需要教师以某种独特的角色主动参与课程发展。具有课程意识的教师是以自己对课程的独特理解为基础，从目标、课程、教学、评价等维度来整体规划教育活动和行为方式，从而成为课程的动态生成者。可以说课程意识意味着“教师即课程”，教师是课程的动态生成者、资源的构建者。课程意识的建立对于品德与生活教学尤为重要，也是实施有效教学的前提，所以，每位教师必须完成从教学意识向课程意识扩展，这样才能为课程价值的实现和学生的发展提供多种平台，才能不断促进课程目标的有效实施。

【建议提示】

第一，教师在备课时，应仔细研磨课程标准，理解课程的性质和价值，深入开展学情研究，制定恰当明晰的教学目标，有的放矢地开展品德教育。

第二，教师在坚持生活化价值取向的基本前提下，主动关注、研究和增补学生生活中存在的典型问题，引导学生关注生活，关注现实，从现实生活中发现问题，提出活动主题，并在活动过程中根据活动的主题不断地开发和利用潜在的资源。

（二）怎样增强教师的课程意识？

教育改革对教师提出了新的要求，即从单纯的课程执行者转变为课程研制者，因此，教师必须转变课程观念，培养和增强自己的课程意识，实现角色转变。

1. 增强教师的课程意识有助于课程目标的实现和课程价值的体现

课程意识除关注教学目标本身的合理性之外，还关注实现教学目标的过程是否有教育意义。课程意识对于教师的现实意义在于，无论是备课、上课、评课，还是创造性地使用教科书，都要问一问：为什么教？教什么？怎样教？为什么要这样教？在哪门课上教？最后，对促进学生的发展有什么结果和实效？这是实现课程价值与课堂实效的前提与保障。事实证明，一些教师实施教学设计出现问题的根源在于教师缺乏课程意识，不能根据课程目标制定恰当的教学目标，脱离儿童生活，不能开展有的放矢的德育，影响课程价值的体现。

2. 增强教师的课程意识有助于课程的建设与发展

新课程观认为教师和学生都是课程的创造者和主体，教师不只是教材的执行者，在课程实施过程中，教师需要根据具体的课程实施情境进行适当的调整，以弥补教材适应性不足的缺陷。这就要求教师具有较强的课程意识，不仅能够根据具体情境对教材进行调整，还可以将自己的建议及时地向课程设计者反馈，为课程的修改提供良好的建议。

3. 增强教师的课程意识有助于课堂教学的调控

由于教师在课程实施的过程中要面对许多与课程有关的问题，如对课程范围、时间分配、内容、教学侧重点、教学策略以及如何组织学生开展恰当的学习活动等做出决策，那么教师只有具备了课程意识，才能理性地、心中有数地、灵活地和富有创造性地进行决策，才能切实促进自己的专业发展。

案例指引十四：做个快乐鸟

教学中，教师先让学生邀请小组同学根据自己记录的情绪记录表，互相介绍自己的快乐事情；再展示快乐生活的视频资料；最后组织全班同学交流怎样把自己的不快乐变快乐的方法。教学过程中教师引导学生感知自己，能了解自己的情绪，并能把自己变得快乐，这很棒，这是自己的进步和成长。

▲教师为什么要将本课教学引申到让学生感知自己很棒？这说明什么？

案例指引十五：我很整洁

教学时，教师创设一个课间游戏的情景，将生活中不整洁孩子的代表以卡通形象展现在学生面前，请同学们为操场上没有朋友的同学找原因，学生们通过观察发现这些孩子有的衣服脏、有的没系鞋带，因为他们不讲卫生不整洁，所以同学们不愿和他们玩。

▲这节课的教学落到不讲卫生就没有同学愿意和你玩的点上，你有什么看法？

案例指引十六：我有一双明亮的眼睛

教学中，教师大胆设计了三个体验活动：让学生蒙上眼睛写字、戴上沙眼罩抄书、用自己明亮的眼睛做事。学生在活动中体验“看不见、看不清、看得清”三种感受，之后教师问：根据体验活动的感受，说说眼睛看不见、看不清的情形下，对我们的生活学习和身体健康会带来什么影响？有学生回答：“看不见外面，我心里很难受。”“看不清路，会摔跤受伤。”“眼睛看不见，什么事情也做不了。”……

▲你对这个教学片段有什么看法？它使你想到什么？

【理性思考】

案例指引十四《做个快乐鸟》的教学中，教师让学生回忆讲述自己曾经有过的快乐事，让学生充分感受并体会快乐的情绪对学习、生活的好处。知道情绪是可以调节的，学习调节情绪让自己快乐，感受到自己的进步与成长，并以此为自豪，激发他们的自信。这反映了教师对课程、对教材编写的立足点和总体教育的目的有一定的把握，在认识与理解上具有一定深度。没有将教学停留在情绪快乐上这个教学局部，而是引导学生探知学会调节情绪意味着什么，推进教育教学的意义，体现课程的价值所在，同时也体现出教师的课程意识和课程建设能力水平较高。

案例指引十五《我很整洁》教学中，教师关注学生、研究学生生活，选取了典型事例和敏感问题，引导学生深入情境，让他们通过互动活动知道没有人喜欢不讲卫生的同学。这部分教学生活化很强，取得了很好的效果。但是不是教学落脚点就在这里？这样的认知是否符合学生的需要？是否达到了课程的要求和学生的可接受程度呢？面向学生，显然这个教学程度过浅，过于低幼化。原因何在呢？经过反思，我们不难发现，此课教师的教学立足点过低，没有考虑本单元的教学目标，没有考虑本课程的目标，没有准确把握学生的认知基础和接受能力，所以教学不到位。

案例指引十六《我有一双明亮的眼睛》教学中，教师不是单纯的知识传授者，不是在“教”教科书，而是活用教材，为儿童创设适宜参与和体验的活动，并且在活动中做学生的引领者、启发者和支持者，带领儿童向着课程目标前进。虽然教学的三个活动很简单，但是引领学生思考和讨论的问题有价值、有深度，有利于学生领悟眼睛的健康与人的身心健康、与人的生活学习的关系，与自己成长和发展的关系，这为达成本课教学目标、体现课程价值起到了积极的作用。这样的教学反映出教师有很强的课程意识，有很突出的课程实施能力。

为了提高教学品质，促进课程总目标的达成，教师应注意以下几个方面的学习研究：

1. 走进课程，体验课程，建构一种动态的、富有生长性的生态课程观

“教师即课程”，强调的是教师要有课程意识，教师进入课程，才能实施课程，使静态设计的课程转化为动态的课程实施。

教师是课程的主体，一方面指教师是课程实施的主体，另一方面指教师就是课程的创造者和开发者。教师在课程实施过程中，时刻用自己独有的眼光去理解和体验课程，时刻将自己独特的人生履历和人生体验渗透在课程实施过程中，并创造出鲜活的经验，这些鲜活的经验是课程的一部分。从此意义上说，教师不仅是课程的创造者和开发者，而且教师本身就是课程的内在要素之一。因此，教师不能立于课程之外，要走进课程、体验课程，将自己视为课程的有机组成部分，成为“课程的主体、课程的创造者”，主动建构一种动态的、富有生长性的“生态系统和完整文化”的课程观。

具有鲜明、合理的课程意识的教师，才能在课程实施过程中使学生进入课程，使日常生活和学生的“生活世界”进入课程。总之，生成的课程观念尊重了教师的专业自主权，尊重了学生的主体地位，尊重了师生的日常生活和学生的“生活世界”。

2. 正确理解课程目标、课程性质和理念，把握课程实施的正确方向，体现课程价值

“教师作为研究者”，强调的是教师的课程意识要建立在研究的立场上，以研究的方式展开课程实施过程，才能表现出有效的教学行为。

教师应该加强理论学习，掌握课程理念、课程目的、课程内容、课程实施等方面的课程知识，建构自己的课程结构，更多地关注如下问题：我们为什么需要品德与生活教育？为什么要开设此门课程？为什么要强调课程的综合化？

教师对课程系统的理解与把握乃至创造的程度，反映了教师的课程意识状况和课程建设能力水平。具有课程意识的教师，往往从课程内在要素整合的角度处理课程实施中的问题，在教学过程中精心选择教学内容，运用教学策略，营造教学气氛，创设问题情境。这些教学行为对学生知识生成、情感培育和能力发展具有重要的价值。

3. 注重课程设计和理念的研究，有意识地在实施中准确定位，努力达成课程目标

具有良好课程意识的教师制定目标时重视三维教学目标合理性研究，教学过程中强化价值取向的研究，教学行为选择时注重角色定位和技能优化的研究，在教学效果上注重全面性和可持续发展性的研究，以确保课程总目标的落实，促进实施有效的教学活动。

一旦教师树立起鲜明的课程生成意识之后，教师会为实现课程的价值而不断地调整课程目标使之具体化，不断地对预设的课程内容进行创造性的处理，在以学生“学”为中心的牵引下，与学生一起创造、生成课程，并会时刻关注课程目标的实现程度和学生的发展状态。

更重要的是，教师会将反思作为一种经常性的教学行为，从而使教学活动进入一种理性、科学的调整状态。教师的自我反思行为强化了教师的责任意识，促使其对教学活动的每一环节进行价值判断和意义估量。“教师的自我反思意味着教师将研究纳入教学活动中，即将教学和研究统一起来，设计出适应性更强的课程，不仅满足学生的需要，也符合自身的特点，最终真正实现有效教学”。

4. 注重课程目标和内容的研究，有意识地合理开发与利用课程资源，优化教学过程

教师在具备了教学行为发生转变所需的必要主观条件后，就可以更加有效地促使教师转变自身的教学行为，从而成为课程的动态生成者、资源构建者。课程资源意识促使教师的教学行为向着更具民主性与对话性的方向转变，不再把教材视为权威，而看作是他们与学生进行对话的素材或范例，是有待进一步探讨、延伸和拓展的资源。

5. 注重教师角色定位和技能优化研究，有意识地塑造新教师形象

课程意识促使教师的教学行为向更具发展性和个体适应性的方向转变。长期以来，教师的教学行为是依照学生发展呈正态分布的理论展开的，面向绝大多数学生是基本定位，而且“教师的教学行为局限于注重知识和技能的传授，忽视对学生学习兴趣、态度、能力的培养和直接经验的积累。这种忽视学生主体性的教学行为是片面的、非人本的，它无法全面提高学生的素质，难以实现素质教育的培养目标”。

在课堂教学中，教师的教学行为将转变为注重培养学生的创新和实践能力、搜集处理信息的能力、获取新知识的能力、分析解决问题的能力以及交流协作的能力，帮助学生养成主动、探究的学习习惯；转变为充分尊重学生的个体差异，采取有效的方式和途径，冲破“三尺讲台”的束缚，走近每个学生的心灵，关注其真实的需求；转变为根据学生发展需要及学习内容的不同，来确定不同的评价目标，运用合适的评价方法与工具，帮助学生从不同的角度认识自己学习、发展的状况，帮助学生更全面地认识自我，使每个学生都能感受到成功的喜悦；转变为最大限度地发挥课程潜能，使学生的认知能力尽可能得到最大限度的发挥，从而达到推动全部学生得以全面发展的目标，充分展现其育人的功效。

总之，教师的课程意识不是可有可无的，明确的课程意识支配着教师的教育理念、教育行为方式、教师角色乃至教师在教育中的存在方式与生活方式。没有明确课程意识的教师，总是把课程视为一种“固定性的不可变更的教育要素”或“固定性的知识”，并认为面对课程不该作为、不能作为，而应该认真执行课程固有的一切。具有课程意识的教师以自己对课程的独特理解为基础，从目标、课程、教学、评价等维度来整体规划教育活动和行为方式，从而成为课程的动态生成者。从这两者的认识与实践结果看，显然不会一样，一个机械、僵硬，难以体现针对性；一个在对课程理解的基础上，随学生的学而动态调整和引导，符合学生需要。因此可以说，课程意识是教师实施有效教学的前提。

【建议提示】

1. 教师应该加强理论学习，掌握一定的课程知识，建构自己的课程结构

教师对课程系统的理解与把握乃至创造的程度，反映了教师的课程意识状况和课程建设能力水平，对课程目标的达成、课程内容的实施等方面起着重要作用。

2. 教师应重视学生价值观的教育，树立学生是课程主体的意识

提高自身专业的研修能力，进行课程设计时，在理解课程目标、预设教育情境、熟知学生学力水平、贴近学生的最近发展区和尊重学生的多元智能的基础上，使教师的教学行为更加科学、有效。

3. 教师应该认识到，自己不仅仅是课程的实施者、执行者，更是课程的重构者

教师在这种自我建构教育理念的过程中，其课程意识会逐步由朦胧的潜意识状态渐渐觉醒，进而转变为明确的可控制性意识状态。教师应引导儿童积极地参与、发表自己的意见，发展儿童的自主性、思考与判断能力，兼顾群体需要和个体差异，从而提高德育的针对性，增强德育的魅力。

4. 在课程意识树立的基础上，构建合理的教学模式

构建合理的教学模式是为教师体现课程价值、达到教学目标提供实施程序，为设计教学方案、预见教学效果提供参考。尤其是年轻教师，借助教学模式可以掌握教学活动的大体结构和框架，明确落实课程要求和体现课程价值的具体措施，使教学更有意义。

第二章
“目标明确有效——导教导学达标”教学模式的思考与实施策略

引言：为什么导教导学要关注教学目标制定的有效性？

教学目标，老师们并不生疏，大家都知道“教学目标是教学活动实施的方向和预期达成的结果，是一切教学活动的出发点和最终归宿。”很多老师对教学目标这一概念几乎可以达到耳熟能详的地步，特别是对新课改理念指导下的多维教学目标的理解与认识也具有一定深度。但是在品德与生活学科设计教学目标的实践中，却仍然存在着诸多问题，如有的目标定位过于偏颇，有的目标制定过分拔高，有的目标陈述模糊泛化且缺乏操作性，有的目标设计缺乏学科特点，有的照搬照抄教学参考中的目标……这些教学目标制定失准的现象直接影响和制约着教学效果和教学质量。因此，迫使我们不得不认真思考教学目标的有效性问题。

有效的课堂教学目标是提高品德与生活课堂教学有效性的前提。教学目标是教师预先确定的、通过具体的教学活动所要达到的教学结果，它对教学活动起到定向、调控、评价测量等多项功能，它是教学活动的出发点和归宿。因此，教学目标的准确性对教学的有效与否起着重要作用。要增强课堂教学的有效性，应首先关注课堂教学目标预设的科学性、准确性、适切性和操作性。有效的课堂教学离不开有效的教学目标的引领，所以有效教学目标是有效教学的第一要素，是前提和保障。

有效的教学目标要多层次、多维度，整体构建。从品德与生活课教学出发，我们知道目标是多层次的，有课程目标、单元教学目标、课时教学目标等；目标又是多维度的，有情感与态度、知识与能力、过程与方法、行为与习惯 4 个不同维度。这样，目标就呈现出网格状态。我们应根据课程标准的要求和实际需要，系统考虑、整体构建，找准内容的定位、程度的深浅、维度的交融点，使教学目标的制定既有利于达成，又能促进学生的发展。

建构“目标明确有效——导教导学达标”教学模式就是为加强教师的目标意识，为有效教学奠定坚实的基础。

有效的教学目标是与学生的学习需求相吻合的。有效地学习是让学生的学习效果达到预期的目标，而这个预期的教学目标应该符合社会需要和学生个体的学习需求，以人为本，考虑学生的各项能力的增长，尊重学生的需求，针对实际问题，有效引领教学，达成最优效果。

总之，要实现有效教学，我们必须研究教学目标的有效性，让我们一同探索，迈好这重要的第一步吧！

一、对品德与生活课程目标的理解

（一）为什么说课程目标是课程实施与教学的方向和灵魂？

说到目标，我们会想“目标”是什么？作为品德与生活课教师，面对课程与教学，我们会想“课程目标”是什么？“教学目标”是什么？那么，我们先来看一个小故事：

“请你告诉我，我该走哪条路？”爱丽丝问。

“那要看你想去哪里？”猫说。

“去哪儿无所谓。”爱丽丝说。

“那么走哪条路也就无所谓了。”猫说。

——摘自刘易斯·卡罗尔的《爱丽丝漫游奇境记》

这个故事让你想到什么？其实这个故事告诉我们目标是什么和目标的重要性。当一个人在人生路上没有目标时，他就会不知道该做什么，该怎么做，朝着什么方向去做。作为教师，在课程实施、完成学科教学过程中，没有目标，就会不知道应该怎样做，应该做到什么程度，更不用谈实现有效教学了，纵然你再有本事，再努力也是徒劳。由此可见，一个人要有明确清晰的前进目标，人生才有意义；一个品德与生活课教师在课程实施和课堂教学时，明确课程目标和教学目标才能使课程实施有价值、有意义，使教学有方向、有灵魂、有实效。

那么课程目标是什么？品德与生活的课程目标又是什么？

课程目标是具体体现在课程中的教育价值，是课程开发所要达到的预期的目标和结果。品德与生活课程目标是使学生通过这门课程的学习，在学会生活、热爱生活、主动发展的过程中达到国家期望的要求和标准。品德与生活课程目标强调课程的实施要以学生生活为基础，培养学生具有良好品德和行为习惯；强调学生的主动发展，引导学生在参与生活、参与实践活动中学会生活、热爱生活。

品德与生活课程目标主要通过情感与态度、行为与习惯、知识与技能、过程与方法四个方面的具体要求来达成国家对小学生的品德与生活培养上期望达到的程度。因此它体现了国家教育目的和学校对人才培养质量规格的基本要求，也体现了本课程的价值。它为这门课程的实施和课堂教学指明了方向，确定了课程的内容范围、程度标准，提供了教学、评价等方面的指导，是教学目标制定和教学活动开展的重要依据。

品德与生活课教师要实现有效教学，必须首先要理解课程目标，懂得课程目标的意义和作用，运用目标指导课程实施和课堂教学，使自己在教学过程中有方向、有灵魂。

案例指引一：寻找春天

1. 教师提问：现在是什么季节？春天是什么样子的？

2. 教师播放有关春天的照片和视频资料。之后请学生说春天是什么样子的？（学生复述图片内容）

3. 活动与讨论：教师先请学生观察事先为各组准备并放在桌子上的盆花，然后讨论"在春天里你发现了什么？"

4. 在《春天在哪里》的歌声中结束本课。

▲ 你从这个教学案例中发现了什么？

【理性思考】

这个案例让我们看到，教师在进行教学的过程中，关注的仅仅是春天的词汇，知识的简单传授，教师教的任务的完成。没有关注到教学任务达成的目的是什么，没有思考品德与生活课程目标的要求；没有理解品德与生活课程的价值和最终目的以及价值在教学中的体现；不懂得课程与教学的关系，缺乏课程意识。因此，这样的教学是就内容讲内容，就教材讲教材，教学的视野狭窄，教学只会变得机械、封闭、肤浅，难以触动学生心灵，难以激发学生的真情实感，难以给予学生有效的价值引领和良好品德与行为习惯的培养。教学成为学生身心体验与感悟之外的学习形式。

品德与生活课程目标是"品德与生活课程旨在培养具有良好品德和行为习惯、乐于探究、热爱生活的儿童。"显然本课程要求教学要建立在学生生活基础之上，引导学生在参与生活、参与实践活动的过程中感知、探究、体验，获得感悟，获得良好品德和行为习惯；通过学习活动使学生在亲近自然、观察自然、体验生活中潜移默化的引领和指导学生产生热爱生活的情感。而这样的教育和引领必须基于生活、基于实践、基于活动，使学生真正有机会用自己的眼睛观察世界、感知事物、感受生活；有机会自己分析判断事物，获得认识提升。比如认识春天、了解春天，感受春天里大自然的美好，不能仅仅纸上谈兵，用视频或各种资料来讲述或通过对盆花的观察来了解。最好的办法就是带领学生到自然中去亲自感受，教学中引导学生将自己在自然中获得的感受、在生活中获得的体验进行交流，丰富和提升他们的理性认识。这样的教学是真实的，能够真正触动学生的心灵，能够激发学生的真情实感。给予学生价值引领的教学，这才是符合品德与生活课程目标要求的教学。拥有这样的教学必须要求教师明确课程目标要求、理解课程含义、懂得课程价值和意义。积极发挥课程目标的导向功能，使课程目标成为课程实施和课堂教学的出发点和归宿。

【建议提示】

要想实现有效教学，发挥课程目标的指导、调控、评价的作用，建议教师做到：

1. 研读课程目标，明确内涵和功能，发挥其指导教学的作用

课程目标从低年级儿童的生活经验出发，其内容涵盖了品德教育、劳动教育、社会教育和科学教育；提倡通过儿童的自主实践活动，学习健康安全地生活，愉快积极地生活，有责任感地生活，有创意地生活，并养成良好的行为习惯，为学生适应学校生活和未来参与社会生活打下基础。由于课程标准规定的是国家对国民在某方面或某领域的基本素质要求，因此，它毫无疑问地对教学和评价具有重要指导意义，是教学和评价的出发点与归宿。我们要清楚地认识到教学是为这些方面或领域的基本素质的培养服务的，而评价则是重点评价学生在这些方面或领域的表现如何，是否达到了国家的基本要求。因此，无论教学还是评价，出发点都是为了课程标准中所规定的那些素质的培养，最终的落脚点也都是这些基本的素质要求。

2. 进行教学时，要依据课程目标，着眼于学生实际、着眼于自然、着眼于社会生活，深入浅出地体现课程价值，不要仅仅局限于教材具体内容，机械、狭隘、封闭地进行教学

课程标准是教材、教学和评价的基本依据，并不等于说课程标准是对教材、教学和评价方方面面的具体规定。我们也不能只是生硬的为了达成课程标准而不顾学生的实际情况。课程标准只是对某方面或某领域基本素质要求的规定，主要体现为在课程标准中所确定的课程目标和课程内容。因此，课程标准的指导作用主要体现在它规定了各科教材、教学所要实现的课程目标和各科教学中所要学习的课程内容，规定了评价哪些基本素质以及评价的基本标准。但对教学设计和评价过程中的具体问题则没有做硬性的规定，这就需要老师们结合学生的实际情况，着眼自然，着眼于学生的社会生活，更好地体现课程的价值。

(二)课程目标与教学目标的关系是什么?

我们都知道，课程目标对课程的实施具有导向功能，它明确了课程的方向和价值，是对品德教育所做的基本且整体的规定与要求。课程目标针对学生的特定发展阶段，确定了品德教育的立足点。

教学目标则是指教学活动实施的方向和预期达成的结果，是一切教学活动的出发点和最终归宿。教学目标就是课堂教学过程中的教与学要达成的具体要求，对教学起着指导、调控、评价的作用。

课程目标和教学目标都有指引一节课方向的作用，那么，课程目标和教学目标的区别又是什么呢？二者对于教学的意义又分别是什么呢？课程目标与教学目标有什么关系？请看以下对本学科教师的访谈记录。

教师甲：制定教学目标很重要，一节课没有教学目标就无法有效进行教学。教学目标必须依据学生情况制定。

教师乙：教学时，我也看过课程目标、教学目标，但我觉得更重要的是看教材，是根据教材制定教学目标。

教师丙：平时我参加教研活动也学习了解过课程目标，但是课程目标和教学目标是什么关系，应该发挥什么作用不太清楚。

教师丁：制定教学目标要看教参、注意单元目标，根据学生情况和教材制定教学目标。

▲你从教师的谈话中，感悟到什么？

【理性思考】

从以上教师的谈话中，我们看到教学实践中存在的普遍的现象是关注教学目标的多，关注课程目标的少，更缺乏有效的运用，这说明教师对课程目标的作用、课程目标与教学目标的关系不清楚，不知道它对教学实施的意义、如何发挥课程目标的作用、如何与教学目标对接。因此，课程目标就成为了高高在上的教学文件中的重要要求和束之高阁的文字。

课程目标和教学目标都有指引一节课方向的作用，但它们之间的区别又是什么呢？二者对于教学的意义又是什么呢？

首先，两者的含义不同。课程目标是由国家及课程专家等制定的，它反映了国家与社会对人才培养的价值追求，是一个比较大的视角，涵盖面是全层次的。课程目标即是教育意图，包含了"教育方针""教育目的""培养目标""课程教学目的"和"教学目标"；而教学目标一般从知识与技能、过程与方法、行为与习惯、情感态度与价值观四个方面提出一课时的教和学期望达到的目标，教学目标是课程目标的具体化。

其次，两者的指导对象不同。课程目标指导整个课程，统整和调控课程的内容、思路、实施等；而教学目标只是指导某一课时的教学过程，指导教师的教和学生的学，教学目标要依据和落实课程标准的要求。

再次，两者的概括程度不同。课程目标较为抽象，是对品德与生活课程宏观、上位的指导；教学目标则较为具体，是对教学细节上的要求，是师生课堂互动活动要达到的教和学的要求。

最后，两者的制定和实施主体不同。新课程标准是国家课程的基本纲领性文件，是国家对基础教育课程的基本规范和质量要求；教学目标是由教师制定并实施的，必须依据课程目标制定并实施。

从以上的对比分析中，我们看到它们的作用不同，并看出它们对于教学的意义也有不同。教学目标是实践层面的，是课程目标的进一步细化与具体化，是师生课堂互动活动要达到的教和学的要求，它主要由教师来完成。而课程目标在整个课程系统中居于核心地位，课程目标指导和影响着教学内容、教学实施的方式方法、教学评价等各方面。课程目标的特点是宏观、全面的，其对象是课程实施的整个过程，而不是微观的教学过程。

综上所述，我们可以通俗地说，课程目标是宏观的、上位的，是针对课程层面的规定和要求，对教学的各要素具有统整、支配和协调作用，指导和制约着教学目标；而教学目标需要依据课程目标来制定，是对课程目标的分解和细化，每一个教学目标的实现都是为课程目标的达成而服务的。当完成和落实了每一个课堂小教学目标的同时，课程需要关注的大目标也就实现了。但如果我们在实施教学、落实教学目标时，不关注课程目标，只是局限在具体教学内容中，那么课程的价值就会打折。

课程目标与教学目标有着密切的联系，我们在制定与落实教学目标时，必须依据课程目标，有意识地体现课程目标。

【建议提示】

为了充分发挥课程目标对课程实施的导向功能，建议教师做到：

1. 理解目标构成的内涵

三维目标包含“知识与技能”“过程与方法”“情感态度与价值观”三个维度。其中“知识与技能”维度的目标立足于让学生学会；“过程与方法”维度的目标立足于让学生会学；“情感态度与价值观”维度的目标立足于让学生乐学。

教师要对三维目标中反映出来的知识、技能、过程、方法、价值观等进行深入解读，了解内涵，从而明确在学习知识的过程中要培养学生的能力，教学过程中要重视学生的亲历体验，引导学生形成积极的道德情感，促进学生发展的重要性。

2. 了解目标体系结构

三维目标是互相促进、有机统一的。“知识与技能”“过程与方法”“情感态度与价值观”是一个相互联系、相互渗透的整体，是一个完整的人在学习活动中实现素质建构的三个侧面。在实际教学过程中，不应该将他们设计为三个环节分别操作，而要交融互进。因为相对于人的发展这一总体目标，任何一个目标都不能脱离整体而单独优先发展，缺失任何一个维度都无法筑成完整的人的发展的金字塔。

3. 明确目标表述规律

确定并表述教学目标是教师备课不可或缺的工作，它是教师备课的外在表现形式之一，反映了教师对教学内容的理解和把握程度以及对学生学习结果的预想情况等。如果表述得当，那就会让你的目标明朗而可操作，并具有可检测性，从而更好地凸现主体。因此，教学目标在阐述时应阐明学习行为的主体；要用行为动词和动宾结构的短语表述教学目标；要说明达到该目标的条件；对于和目标相关的行为状况要有一定的判别标准。

(三)课程目标各维度之间的关系应如何理解和把握?

新课程将课程目标分为“知识与技能”“过程与方法”“情感态度与价值观”三个维度。三维教学目标不是三个目标，而是一个问题的三个方面，它集中体现了新课程的基本理念，集中体现了素质教育在学科课程中培养的基本途径，集中体现了学生全面发展、个性发展和终身发展的客观要求。

三维的课程目标是一个整体，三个维度互相联系，融为一体。“过程与方法”可以作为“知识与技能”生成的导控保障系统；“情感态度与价值观”可以作为“知识与技能”学习的动力支持系统而体现其价值，从而实现“知识与技能”学习的高效和优质；“知识与技能”“过程与方法”也可以作为实现“情感态度与价值观”培育的凭借与途径，作为“情感态度与价值观”养成的方法与手段；“知识与技能”“情感态度与价值观”也可以作为一种教学资源服务于过程的体验与反思、方法的习得与训练。

所以，任何割裂“知识与技能”“过程与方法”“情感态度与价值观”三维目标的教学都不能促进学生的全面发展。

案例指引二：做游戏守规则

1. 通过做游戏，帮助学生体验和了解规则，感知规则在游戏中的作用。

2. 初步领悟在游戏中守规则会安全、有序、愉快。初步懂得遵守规则的重要性。

3. 知道规则是大家共同制定、共同遵守的规则可以由大家商量修改，并尝试修改规则。知道形成规则就要遵守，遵守规则是良好的行为习惯。

案例指引三：秋天的收获

1. 情感与态度：体验秋天收获的喜悦，感受劳动的辛苦，初步萌生爱惜劳动果实的情感。

2. 行为与习惯：乐于去观察和发现秋天的收获；初步树立珍惜劳动成果的意识。

3. 知识与技能：知道秋天的季节特点，知道秋天是收获的季节，初步了解秋天的产物；感知“一分耕耘一分收获”的道理。

4. 过程与方法：通过交流、讨论和参与“神秘袋子”的游戏，感受秋天是收获的季节；学习一些观察、收集资料的方法。

▲从上面的案例中，你发现了什么?

【理性思考】

我们知道课程目标的总体表述和各维度目标之间是一个有机的整体，课程目标的实现有赖于情感与态度、行为与习惯、知识与技能、过程与方法不同维度目标的统一整合。不同维度目标共同存在于学生的实际生活中，不能分割，不同维度目标涉及的不同方面影响并共同促进着学生的发展。

从案例指引二中，我们看到教学目标写得简洁、明了。首先对于这节课学生要学什么一目了然：即了解规则、遵守规则和制定规则；其次通过什么方式学习也很清楚，即“做游戏”。再次是活动目的也明确；最后是教师上完课容易根据教学目标评估教学效果。

也许有的老师会说，这个教学目标没有按照品德与生活课程标准中“四维目标”要求表述，是不规范的。殊不知，如果我们每节课都是一味的、机械地按照课程标准中的四维教学目标去设计，在某种程度上可以说是没有理解课程目标的内涵，没有结合教学内容和学生实际情况去设计。因为课程标准中表述的课程目标比较宏观，不能直接用于教学；而教学目标则是微观的，要根据教学对象、条件等诸多因素来设计。这节课，教师将教学目标制定为可操作的三条，既体现了不同维度目标的要求，也把侧重点表现得比较具体、清晰。这样做，是把多维度的目标统一在一起，整体认识、整体实施，教学目标会更有约束力、弹性和张力。

需要说明的是，品德与生活课程标准中提出的是“四维目标”，而其他学科课程标准多数提出的是“三维目标”，无论是“三维目标”还是“四维目标”，我们都要将它们看成是一个整体，不必刻意追求形式上的完整。比如，围绕形成“规则意识”做游戏，态度、方法和知识都蕴含在其中了，关键是看教师在教学中如何发挥学生的自主性。现在有些老师照抄教学目标，或者按照一定的模板套写教学目标，这样做显然不对。若生硬地去写知识与技能、过程与方法、情感态度与价值观，既偏离了品德与生活课程标准的要求，也会因大而空而失去教学目标的本质意义。

分析案例指引三的教学目标，是按照课程标准的要求分为四个维度制定的。每个维度都根据学生情况和课标要求，且紧扣教学主题来制定，表述清楚、明确、可操作、可实施。从这个案例中我们还可以看出，各维度目标中的任何一方面都不是独立存在的，而是互相依存的，它们是一个统一的整体。《秋天的收获》这节课的教学要使学生知道秋天是收获的季节，感受收获的喜悦，初步懂得“一分耕耘一分收获”的道理，初步萌生爱秋天的情感，那就要愿意付出，明白只有付出才能有收获。而这个过程就需要方法，也就是生活体验，让学生有实践的过程、有收获的经历，在这样的感性认知和情感铺垫的基础上，再通过教学创设的情境和研讨的问题，深入推进学生的认识提高，所以这节课的教学目标各维度是不能割裂的，需要统一整合，整体认识与实施。

在分维度制定教学目标时，应该说明情感与态度维度的教学目标在各维度目标中排位第一，这是本课程的特色，说明了在品德与生活课程中，这个维度的目标要求最重要，应该高度重视，认真实施和达成。

【建议提示】

第一，教学时，教师不能单独逐一实现各个维度的目标。它们是有机联系在一起的，并且是统一指向人的发展。

第二，多维度的目标是在丰富多彩的教学活动中实现的，它的实现不是“齐步走”，不能“一刀切”；教学要渗透这三者之间的关系，要注意处理好目标的达成。

二、“目标明确有效——导教导学达标”教学模式中教学目标制定的主要依据

（一）教学目标制定的依据是什么？

教学目标是上好一堂课的前提，是保证课堂教学质量与效益的基础。它是教学活动的灵魂，并制约着教学活动的全过程。它决定着教学行为，不仅是教学的出发点和教学的归属，同时还是教学评价的依据。它既有定向功能，又有调控功能。它关系到课堂教学模式的选择、教学策略和教学媒体与环境的合理组合与运用以及对教学结果的评价，关系到课程目标的实现。

教学目标的设计要依据以下几个方面：

1. 根据学生实际，准确定位教学目标

道德存在于学生真实的生活中，学生的真实生活是课程的基础，脱离了生活的道德教育只会是“无源之水，无本之木”。因此，我们在制定教学目标时必须坚持“以生为本”的理念，以学生的真实生活为基准，制定适合学生年龄特点和身心发展水平的教学目标。教学目标的设计一定要考虑学生的现实生活实际，包括他们的道德认知规律、心理特点及学习需求。

2. 在教学目标的设计中要注意整体解读教材，把握不同年段的课标要求

新课程是按螺旋上升的思路设计的，教材体现了这样的设计思路。比如：同样的内容在不同年段会重复出现，但要求不断提高并且螺旋上升。不同年段出现的相同内容各自教到什么程度，层次如何把握等，教师要整体解读教材，了解目标在全套教材中的价值定位、内容定位、难度定位，准确找到教学目标的切入点和落脚点，既不过高或过低，也不要出现偏颇。只有这样，教学才不会偏离主题、重点以及各项要求，才不会盲目或空洞虚化，浮于表面。

3. 设计教学目标，要注意从单元角度整体把握教学目标

教材大都采用主题统整，单元编排的方式。教师要以课程标准和单元目标为基本依据，从整体与部分的角度，深度理解这一课与单元的对应关系，它在整个单元中的地位，以及这一课目标与前后课目标之间的逻辑联系，准确地确定各课的教学目标。

4. 注意合理划分课时，制定具体明确的课时目标

以往思想品德课的一篇课文绝大多数使用一个课时，因此一篇课文的教学目标就是一节课的教学目标。而现在的品德与生活新课程则不同，一个主题需要进行两

至三课时，甚至多个课时的教学。在教师教学用书上，编者制定的教学目标往往是按课文主题来撰写的，有的教材版本甚至是按单元主题来编制教学目标的，这就需要教师对教学目标进行合理分解，制定具体明确的课时目标，这样才能提高每节课的教学效果。

案例指引四：祖国妈妈的生日

针对《祖国妈妈的生日》这一课，有位教师制定了如下教学目标。

情感与态度：热爱祖国，具有中华民族的自豪感。

行为与习惯：体验庆祝祖国妈妈生日的快乐，以自己的实际行动为祖国妈妈庆祝生日。

知识与技能：知道我国的国庆日以及有关祖国的基本知识。

过程与方法：通过了解为祖国妈妈庆祝生日的不同方式，体验欢度国庆的喜悦和节日的愉快。

▲你从案例中发现了什么问题？

【理性思考】

从案例中，我们看到教师制定的是四维目标；在“情感与态度”维度，教师将目标定位为：“热爱祖国，具有中华民族的自豪感。”大家想想，小学二年级学生通过一节课的学习能达到这样的程度吗？显然不能。那么制定这个维度的目标应依据什么？当然是课程标准。我们看看课程标准是如何界定这个年龄段孩子所需要达成的情感态度的？《品德与生活课程标准》中对情感与态度的界定为：“爱亲敬长，爱集体、爱家乡、爱祖国。”所以我们在制定这个教学目标时要首先研究课程标准要求，明确内容和标准；同时还要研究学生，准确把握二年级学生能够达到的水平，之后再结合教材和学生生活的具体情况，有针对性地进行目标制定。

案例中的“知识与技能”维度的目标为：“知道我国的国庆日以及有关祖国的基本知识”，这个目标也制定得过高，不符合学生认知基础和接受能力，出现目标失准的问题。

分析原因，说明教师在制定教学目标时，没有研究或者没有想到要看课程标准，再或者是不知道应该看课程标准中的哪些内容，于是就根据自己对学生情况的想象来确定教学目标，所以就出现了这样的问题。通过对案例的分析，提示我们在进行教学目标制定时一定要重视研究课程标准、研究学生，用课程目标这把尺子来进行比对；用学生的知识基础、接受能力和认知规律来进行对照，以使我们的教学目标制定准确得当而且有效。

那么，制定教学目标时应从何下手？怎么制定？把握到什么程度呢？这常常是老师们的困惑。其实制定有效的教学目标也不是高不可攀，难以达成。总结经验，我们认为必须明确以下几点：

首先，课程标准中的课程目标为教学目标的制定提供了具体的依据。这需要教师对课程目标进一步理解，懂得它的含义与要求，明确课程目标与教学目标的关系，把握制定的方向与尺度。

其次，学生的生活和已有的经验、认知基础和认知规律、接受能力和学习需求是制定教学目标不容忽视的重要依据。这主要指在对学生的认知基础、生活经验、生活环境等因素以及发展变化过程中的学生实际需求进行客观分析了解的基础上，确定教学目标。

最后，时代的发展需要、社会状况、学生周围环境的影响等也是制定教学目标需要关注的依据。如上述案例中，学生对祖国的知识了解有多少、参与过哪些庆祝祖国妈妈生日的活动、有什么心理体验和感受等，都需要教师进行课前调查和了解。只有从学生的实际出发，才能体现教学真正是为了学生的发展。同时，我们还可以依据现实的具体的课程资源确定教学目标。如讲授《祖国妈妈的生日》这一课，教师可以搜集全国人民庆祝国庆时的媒体资源，那么教学目标就可以制定为："感受欢度国庆的喜悦。"因为资源是教学信息的来源，是实现教学目标的有力保障。

总之，制定教学目标，对于教学是否有效至关重要。目标越清晰、准确，达成目标的路径也就越明晰、合理。希望老师们都能认真研究课程标准和学生实际情况，并综合考虑多种因素，有效制定教学目标。

【建议提示】

为了制定好教学目标，建议教师做到：

1. 关注课程标准的落脚点

制定教学目标时，要充分考虑课程标准的落脚点。课程标准是一个标杆，而教学目标则是达成标杆的载体。因此，教学目标的制定要紧紧扣住课程标准，体现课程的理念。教师要认真研究教学目标不同维度的要求，充分考虑如何在教学环节中体现或落实。

2. 关注学生的学习起点

制定教学目标，其中一个重要维度就是对学情的把握。教师要随时了解学生从何处起步？他们在总体上达到了什么程度？他们将继续往哪个方向前进？做到心中有数，有的放矢进行教学。

(二)怎样制定合理有效的教学目标？

教学目标是课堂教学的出发点，是保证课堂教学质量与效益的基础。因为教学目标指出了教学的方向，规定了一节课的教学内容、重难点、学习层次水平，影响着教学策略的选择以及教学的深广度等，它是教学的灵魂，并制约着教学活动的全过程。

那么，如何制定合理有效的教学目标呢？

1. 研究课程理念并深入理解与运用

我们的课程要真正体现"生活性、开放性、活动性、综合性"的学科课程特征，促进学生的多元发展。要真正体现“全员性、差异性、潜在性”等学生个性素质的发展，必须重视课程观念的转变。也就是说，我们一定要依据课程目标制定相应的教学目标。教师在制定教学目标的时候，心中一定要有课程目标，这样才能注重引导儿童热爱生活，参与社会，学习做人；珍视儿童生活的价值，尊重儿童的权利；在与儿童生活世界的联系中建构课程的意义。

2. 研究课程目标的概括表述内容和不同维度的要求

《品德与生活课程标准》中对于课程目标的阐述为我们制定教学目标提供了具体的依据。如课程目标是按照情感与态度、行为与习惯、知识与技能、过程与方法四个维度来表述。这决定了本课程与以专门知识学习为主的其他学科课程不同，它是一种比较特殊的课程学习生活。它力图改变以往德育课程以说教为主的教学模式，重在对儿童积极情感态度和良好行为习惯的培养，并围绕学生的生活需要学习相应的知识与技能。课程重视儿童学习的过程与方法，使其能够通过自身生活的体验提出问题，学习思考问题的方法，并进行积极的探究。因此，这需要我们对课程目标进一步理解，懂得它的含义与要求。

课程目标与教学目标是不同的。教学目标是课程标准的下位目标，所以教师不能机械地、一一对应地照搬上述目标的格式，每节课都按四个维度来陈述，而应该把它当作思考教学目标的一条重要原则，处理好情感与态度、行为与习惯、知识与技能、过程与方法的关系，根据具体的内容、学生和情境来确定教学目标的重点。所以，在教学目标制定时，我们应该注意研究课程目标，不仅研究课程目标的概括表述内容，还要研究它的不同维度的要求。

3. 研究教学主题的内涵以及课程目标中对主题教育的具体要求

品德与生活教材采用主题统整、单元编排的方式。教师要以课程标准和单元目标为基本依据，从整体与部分的角度，深入理解这一课与单元的对应关系，它在整个单元中的地位，以及这一课目标与前后课目标之间的逻辑联系，准确地确定各课的教学目标。如《我的家人与伙伴》单元共有四课：第一课《我的一家人》，让学生初步知道家庭的基本构成以及家庭成员间的关系；第二课《家人的爱》，主要让学生体会家人对自己的爱；第三课《我为家人添欢乐》，主要引导学生学会用自己的方式关爱父母长辈，表达对家人的感谢；第四课《我和小伙伴》，主要引导学生喜欢和邻里小伙伴交往，懂得与伙伴交往的基本原则。可见，本单元每课与单元目标相对应，且第一、二、三课逻辑关系清晰，逐层递进，避免了与其他课简单无效的重复。所以，只有把握单元主题与活动主题的关系，理解主题内涵，才能有效制定教学目标。

4. 研究学生的实际、社会生活发展的状况以及对学生的影响

品德与生活课堂教学若不能准确把握学生的思想和生活实际以及社会发展变化的脉搏，是不能将教学目标确立得具体化和有针对性的。所以必须深入研究学生，抓住他们对所要进行的教育内容的理解、困惑和具体行为的表现；抓准其中的疑惑点、困难点、空白点……以此作为教学的切入点，提出切实可行的要求，进行具体的知识教育和正确价值观的引领。教师在制定目标时，要根据学生的实际情况和需要进行设计，特别要注意不能大而空，而应该注重内容简洁、清晰、具体，具有针对性和可操作性。

案例指引五：做有礼貌的小学生

本课的教学目标如下。

情感与态度：初步树立文明礼貌的行为意识和良好习惯。反思自己的行为，体会有礼貌的重要性，对讲文明人的智慧产生敬意。

行为与习惯：做到言行有礼貌。

知识与能力：知道要使用礼貌用语，人有礼貌是中华传统美德。会用礼貌用语。

过程与方法：通过情境活动能够发自内心地做有好品质的孩子，养成有礼貌的良好习惯。

案例指引六：找春天

本课的教学目标如下。

情感与态度：热爱大自然，产生对大自然的喜爱。

行为与习惯：具备初步的探究能力。

知识与技能：初步了解春天季节的特点。

过程与方法：学习用不同的方法了解春天。

案例指引七：保护牙齿

本课的教学目标如下。

1. 引导学生了解保护牙齿健康的重要，学习保护牙齿的方法。初步树立爱护牙齿的意识。

2. 培养学生爱牙、护牙的能力，让学生学会正确的刷牙方法。

3. 使学生初步具备良好的生活习惯。

▲这样的教学目标能实现吗？

【理性思考】

课程标准为我们制定教学目标提供了范围以及程度要求。教学目标作为课程标准的具体体现，不管教学如何设计，都必须紧紧围绕着课程标准所规定的课程理念和基本要求，都不能脱离这个中心。

分析以上案例，我们不难发现，教师在制定教学目标中还存在一定问题。如案例指引五中教学目标的制定，在“情感与态度”维度目标中的第二句“反思自己的行为，体会有礼貌的重要性，对讲文明人的智慧产生敬意”和“过程与方法”维度目标中“通过情境活动能够发自内心地做有好品质的孩子”中明显看出教学目标制定得既高、大、空，又有偏颇，不符合课标与教材的要求和学生学习的需求。本课教材的主题是《做有礼貌的小学生》，从小学生的角度培养说话做事有礼貌的孩子，重点学会使用礼貌用语，学会有礼貌地与人沟通和交往，做有礼貌的小学生，这既是教材主题教育的要求，也是课程标准有关内容的要求。然而本案例目标的制定，却要求学生“对讲文明人的智慧产生敬意”，概念不准，偏离教育主题。教学目标偏颇会导致教学难以达成课程标准的要求，教学有效性就难以体现。问题出在教师对主题研究不够，没明白主题教育的内涵，没有明确课标中对这个主题教育的具体要求和教育的侧重点。

而案例指引六中教学目标设计的问题主要是：教学目标大而空，脱离学生实际、脱离生活实际，缺乏对学生和学生的生活世界的研究，不能把握学生生活的脉搏。学生对于春天季节的特点有哪些认知，生活中有什么体验和感受，教师没有深入地研究。这样的教学必然脱离学生真实的生活，也不可能进行情感、态度与价值观的有效引导。

那么，案例指引七中的教学目标是从教师的视角出发的，是以教师为主体的目标。学生在这节课中该做什么、怎么做都没有体现。当然，教学目标中没有体现，教师也就很难去实施教学活动了。所以，在制定教学目标的时候，如果我们总是运用“引导学生”“培养学生”或“使学生怎样”的字眼，就表明行为的发动者是教师，而不是以学生为主体的。新课程的核心理念为“学习的主体是学生”，所以教学目标一定要从学生的角度正确定位。

【建议提示】

为了制定合理有效的教学目标，建议教师做到：

1. 教师目标制定要全面适度

教学目标一定要体现三维或四维目标体系，既兼顾知识教学、能力训练，又要注重情感、态度与价值观的培养。教师在制定教学目标时，一定要以课程标准为依据，遵照课程标准中对教学内容的具体要求，根据学生的实际情况选择合理的目标定位。目标不能过高或过低，目标过高学生达不到，目标过低造成教学时间的浪费，并有可能打击学生的学习积极性。

2. 教学目标表述要具体明确

笼统的、模糊的目标描述容易造成教师课堂教学活动设计偏离学习目标，课堂教学重点不明，也会使课堂教学评价无据可依或是脱离目标进行评价。因此，在教学目标的编写上，应力求表述具体、明确、可以观察和测量。同时教学目标的描述要可评价，这样便于教师和学生自己在教学过程中了解是否已达到目标，以便及时调整教学的策略。

3. 目标教学模式建构要关注几个要素

其一，学前分析与测评。学前分析和测评是教与学目标设定的基础，做好学前分析可以真正了解学生的现有知识经验和心理认知特点，以便“以学定教”从知识、技能、能力等方面来确定学生的最近发展区，制定。

三、“目标明确有效——导教导学达标”教学模式的实施策略

（一）有了教学目标就一定可以上好课吗？

有人说：“有效的课堂教学，始于知道期望达到的教学目标是什么。”这说明，课堂教学必须要有明确的教学目标。

教学目标是教学活动实施的方向和预期达成的结果，它是有效进行教学的前提和保障。教学目标对整个教学过程而言，是灵魂，是统帅。有了清晰准确的教学目标，教师才能明确本课时教学要达到的目的、任务和标准；才能对达成目标所需要的进程进行构建；才有利于正确选择教学方法，妥善组织教学过程；才能为教学评价提供可检验的依据。由此可见，教学目标对教学实施具有重要的作用。

但如果我们制定了明确的教学目标，是不是就一定会有好课呢？答案是明确的：不一定！

反思教学实践，我们知道教学活动要达到什么结果，是受到教学目标的指导和制约的。如果制定了科学、准确、合理的教学目标，但是在教学实施中却不去关注，不重视教学目标作用的发挥，不能以目标为教学定向，有意识地紧扣预设目标去落实和达成它，那么即使制定了再好的教学目标，也不会有好的教学。

因此我们在重视教学目标制定的同时，还要积极研究教学目标的落实与达成。首先，我们要把教学目标立于心、留于脑。因为教学目标的制定，根本目的不是为了写在纸上给别人看，不是教学设计里的装饰，而是对教学实施有意义、有价值的“指导”，应该确立在教师的心目中、头脑里，这样才可能用以指导自己的教学行为。其次，我们要努力发挥教学目标的作用。在教学过程中，教学目标必须贯穿教学始终，用它积极指引教学方向、指导教学策略的选择和运用、指导教学结果的测量与评价、激励学生的学习，发挥其灵魂和统帅作用。

可以说，有效教学离不开有效的教学目标，但是有了有效的教学目标，还必须紧扣目标实施教学，努力落实与达成教学目标，这样才可能上好课，增强教学的实效性。

案例指引八：我换牙了

活动目标

1. 知道换牙是每个人都必须经历的一种正常的生理现象，初步了解牙齿的生长常识和牙病产生的原因。

2. 学习换牙期间保护牙齿的方法和拥有健康牙齿的基本方法。

3. 指导学生掌握正确的刷牙方法，促使其养成早晚刷牙、饭后漱口的好习惯。明白爱护牙齿就是爱护身体健康的表现，激发愿意保护牙齿的动机。

活动过程

环节一：我换牙了，我会保护它。

学生讲讲自己换牙的故事，介绍自己换牙的情况和感受。

在此活动中，通过学生描述亲身经历过的换牙过程，引导学生在活动中懂得换牙是每个人都必须经历的一种正常的生理现象，同时通过活动进一步了解牙病产生的原因。有效地实现了第一个教学目标。

环节二：刷牙原来很重要。

1. 漱口实验。学生吃一块饼干，之后漱口，从漱口水中看牙齿口腔中的残留物。

2. 醋泡鸡蛋实验。学生亲手触摸醋泡过的鸡蛋，再向学生介绍有关知识。

在此环节中，通过直观的实验，让学生形象地感悟到不刷牙的害处，并懂得如何保护牙齿。通过两个实验，巧妙地完成了第二个教学目标的教学任务。

环节三：我会按正确的方法刷牙了。

演示并指导学生学习正确的刷牙方法。

在此环节活动中，恰当地运用体验的方式，让学生真实地再现日常生活中刷牙的方法和步骤，从而进一步强化学生刷牙的习惯和有效方法，养成饭后漱口的好习惯。有效地实现了第三个目标。

▲从上面的案例中，你有什么发现？

【理性思考】

通过审视这个案例中的教学目标和活动过程我们不难看到，本节课目标准确合理，简洁明了，重点突出，符合学生实际，可操作、可测量；教学活动层次清晰，生动有趣，参与广泛，活动有效。这节课既有有效的教学目标，又有有效的教学结果，它值得我们学习借鉴的地方有三：一是这节课能够以教学目标为导向，以学生生活为基础，建构一个针对学生实际、符合学生学习需要、符合学生生理和心理特点的教学框架，并且思路清楚。二是教学活动紧扣教学目标，各个教学环节之间联系紧密，逻辑严谨，目的明确。三是教学活动生动有趣，启发性强，易于学生获得认知，对学生进行爱护牙齿的行为指导具体有效。纵观全课，教师把教学目标润物细无声地融入到每一项教学活动之中，有效地实现了目标与过程的统一，这样的课就是有效的课堂。

教学实践引发我们进一步的思考，怎样才能做到既能定好目标又能落实目标，实现有效教学呢？

1. 时刻关注目标，提升过程意识

过程意识促使教师在课程实施中选择课程内容，运用教学策略，营造课堂氛围，创设问题情景，并能自觉地考察这些教学行为对于学生知识生成、情感培养、能力发展等方面的意义和价值。过程意识还要求教师课堂教学行为功能的发挥不仅要追求最大化，而且还要追求最优化。

由此说明，目标不能只落在纸上，要时时放在心里。我们通过对案例的分析不难发现，有了合理的教学目标，不一定都能上出好课。关键是要明确教学目标的制定对教学实施的作用。而制定教学目标，就是在充分研究、深入思考的基础上确定下来的内容和要求。它应该确立在教师的心目中、头脑里，这样才能用以指导自己的教学行为。也就是我们常说的“教师要有目标意识，要时刻在教学中关注既定目标，并时时审视与反思每一个教学环节与教学目标的关联性。”如果教学目标的制定仅仅停留在纸笔上或教案里，就无法发挥它的作用，就难以指导教师的行为，也就谈不上落实目标了。

2. 突出目标作用，强化功能意识

教学目标在整个教学中具有特别重要的作用，每位教师一定要深谙目标的功能，并使其在教学中切实发挥应有的效果。

(1)定向功能。明确的教学目标能够为教师的教和学生的学指明方向，从而引领教师通过各种教学活动，有的放矢地落实教学目标，指导学生目的明确地进行有效的学习，以避免教和学过程中的随意性和盲目性。只有不断强化目标的定向功能，才会让教学目标发挥引领和导向作用。

(2)决定功能。教学目标体现了一定的教育思想观念和教育教学理论，反映了教学的具体任务。因此教学目标必然决定教学内容、教学策略、教学方法、教学过程、教学模式、教学技术、教学评价等各个方面的选择与应用。教学中的每一节课，都应该突出一定的教育思想，因此，教师要不断强化教育目标的决定功能，使每一节都有一个突出的亮点和特色。

(3)控制功能。教学活动是在动态中生成的过程，教师要重视课堂上的变化，通过不断的信息反馈，根据目标来调节教学活动的偏差。教学目标所具有的控制功能决定了教师在教学中，要时时反观教学中对目标实施的进度和效度，并针对学生反馈的信息不断调整自己的教学方向。控制功能发挥得如何，体现了课堂教学对学生关注程度的高低。

(4)激励功能。教学目标的确立，可以调动教师教和学生学的主动性与积极性，并形成持久的动力，以尽力实现既定目标。目标是教师教学的归宿，是学生学习的方向，师生对目标的渴求程度，决定了教学中学生参与的广度和深度。

(5)评价功能。教学评价以教学目标为依据，明确的教学目标是进行评价的前提。教师的评价是建立在学生对学习目标达成的效度之上的，课堂教学中教师是通过设计一个个活动，并通过在活动进程中对学生进行引领、点拨和评价而达到实效的。因此教学目标的评价功能对有效的教学起到积极的促进作用。

3. 关注教学重点，增强方法意识

有了明确的目标，掌握了目标的功能，我们还应该运用有效的方法来实现教学目标。这犹如我们要前往某地去旅游，如果仅有目标，不能正确选择有效的出行方式，不借助得力的交通工具恐怕难以在预定时间内到达目的地。因此要想实现教学目标，我们应该从以下几个方面去努力：

(1)针对教学重点，合理选择教学内容，并围绕重点内容设计有效的教学活动，并对教学活动进行有效的调控。

在确定重点时，要根据教材主题和内容而定，要根据课程标准要求而定，更要根据学情而定。有了教学目标，又明确了教学重点，那么紧扣目标，重点选择内容和有效的活动就是达成目标的关键了。

内容是实现教学目标的载体，是学生学习活动的支撑性材料。而活动则是实现教学目标的途径。课堂中丰富的教学内容和有效的教学活动，是引导学生深入学习、启发学生思维、促进学生发展、推动教学进程向着既定教学目标前行的有效策略。

(2)要针对学习现状，以学生为本，分层处理，弹性施教。

在课堂学习中，学生要真正成为学习活动的主动参与者，必须要有教师搭建的平台、创设的条件，才有可能使学生的主体作用得到有效发挥。那么在合理选择有效的教学内容和精心设计有效的学习活动的同时，还要时刻关注学生学习的过程和效果，并针对学生的生成性问题对教学活动适时调控。忽视学生学习出现的差异，机械执行教学预设，一味按照教师的意愿实施教学，是达不成教学目标的。

在教学过程中，教师预设的教学目标对多数学生来说可能是合适的，但对少部分学生来说可能由于各种原因出现不适宜的情况。再有，同一班级内学生的学习有差异是正常的，虽然在预设教学目标时，分析了学情，但在教学时，可能还会受各种因素的影响，造成新的差异，或是原有的隐性差异变得更明显了或突出了，这时我们就要关注差异，调整教学目标，以生为本，分层处理，弹性调整，有效施教。教师发挥教学目标的调控指导功能，真正做到面向全体，让学生在每一节品德与生活课堂上都能有所发展。

【建议提示】

1. 要发挥教学目标对教师的规划作用

教学目标是教师用心、用脑制定的。制定之后要将教学目标铭记于心，并落实到教学之中。真正明确本课的教学出发点和归宿点是什么，本课要完成的重要任务和要达成的目的是什么，使这个矗立心中的教学目标时刻指导我们的教学行为。只有这样，我们制定的教学目标才会对教学有意义。

2. 要发挥教学目标对学生的引领作用

如果说，教学目标对教师起到了规划作用，那么它对学生起到的是引领作用，是促进学生向着既定方向努力，最终达成目的的重要标志。除此之外，教学目标还是课堂评价的重要依据，对测量和评价教与学效果起到指导评价的作用。

但是应该注意的是：教学目标必须贯穿教学过程的始终才能发挥其灵魂作用和重要功能。如果教学目标成为悬空于教学整体过程和内容之上的摆设，就毫无价值，形同虚设，它将导致教学的盲目性和随意性。一旦教学脱离了目标，教学将变成无源之水，无本之木。想必也不会是有效的课堂教学。

(二)在有了明确目标的情况下，怎样才能上好课?

通过对前面一个问题的探讨，我们不仅明确了制定目标与上好课之间的关系，而且也体会到具有目标意识对上好课的重要影响。那么，在有了明确目标的情况下，作为品德与生活学科教学来说，什么样的课才可称之为好课呢?

可以说，一节好的品德与生活课应该是在新课程标准指导下能够有效实现教学目标、体现课程价值的课，应该是力求使儿童的学习过程成为完整生命投入、完整心理结构参与的过程。儿童在学习的过程中不仅要经受认知的挑战，从中获得理智上的满足，更要在情感、心灵的充盈上获得精神的体验，在参与生活、学习生活的过程中得到正确的价值观的引领。基于上述的认识，可以说，一节好的品德与生活课应该是用活动形式呈现的课堂；应该是教师作为活动的组织者、参与者、指导者、欣赏者的课堂；应该是学生自主参与、自主实践的课堂；应该是变静态为动态的课堂；应该是充满“生活性”“开放性”和“活动性”的课堂。

要达到一节好课的标准，我们在准确制定教学目标、忠实执行目标的基础上，还要会运用有效的策略，这样才能在有了明确的教学目标的情况下上出好课。

案例指引九：做个有礼貌的小学生

教学目标

知识与技能：知道基本的礼貌用语，初步懂得正确使用礼貌用语不仅是对他人尊重的表现，而且还能促进良好人际关系的形成；学习正确使用基本礼貌用语，并能在实际生活中学会恰当运用。

过程与方法：参与事例分析、情境辨析等实践活动，结合具体环境，理解礼貌用语的含义、用法及作用。

情感、态度与价值观：愿意自觉使用礼貌用语，学会尊重他人。

教学重难点

懂得生活中正确使用礼貌用语的重要性并愿意自觉使用。

教学过程

环节一：谈话导入，初步感知。此环节力求通过引发学生回顾个体生活经历，感受到礼貌用语带给内心的愉悦与力量。

环节二：联系生活，体会意义。此环节通过创设情境，引发学生对生活中的事件进行分析讨论，使学生直观感触到正确使用礼貌用语不仅是对他人尊重的表现，而且还能促进良好人际关系的形成。

环节三：联系实际，提升认识。此环节力求以学生的生活为基础，引用典型事例复原生活，再现学生生活中的实际问题，引发学生反思，并借助评价机制充分调动学生形成正确的道德认知，促进学生体验、感悟，产生愿意做个有礼貌的小学生的强烈愿望。

▲从上面的案例中，你有什么发现？

【理性思考】

分析案例我们发现，教师在本课教学中，努力以儿童生活为出发点，创设生动的生活场景，激发学生的学习兴趣。利用学生已有经验，促进其体会感受，提升实践能力。教学中始终以目标为导向，以学生为主体，以生活为原点，以活动为依托，设计了有效的教学目标和活动过程，使学生真正体会到了礼貌用语的魅力，并在熟悉的情境中得到情感和能力的提升。

那么如何能在制定好明确教学目标的前提下把课上好呢？一般来说，处理好目标与教学之间的几个关系很重要。

1. 处理好教学目标与教学过程的关系

教学目标起到规划教、引导学、指导评价的作用。在教和学的过程中有指明教和学方向的定向功能，有确定教学内容、教学策略、教学方法的决定功能，有评价教和学的激励功能。正是因为教学目标具有如此重要的作用，所以在课堂教学这个整体中，统领教学全过程的各个部分，使其上下贯通，成为指导思想一致的系统工程。

教学目标成为教学的起点，又是教学终结的归宿和落脚点。处理好教学目标和教学过程的关系对于提高教学实效具有重要意义。有了清晰准确的教学目标，教师才能明确本课时教学要达到的目的、任务和标准；才能对达成目标所需要的进程进行合理构建；才有利于正确选择教学方法，妥善组织教学过程；才能为教学评价提供可检验的依据。

因此，在课堂教学中，处理好目标与过程的关系很重要。简而言之就是要将教学目标与教学过程紧密结合，有效发挥教学目标对教学过程的指向性功能，让教学目标贯穿于整个活动过程中，同时要将教学实施过程中整体思路明确地朝向教学目标的落实。就是说，教学中的各环节都要有明确的目标，同时围绕目标设计有价值的活动，最终使教学目标通过教学过程找到应有的落脚点。

2. 处理好教学目标与教学内容的关系

处理好教学目标与教学内容的关系，就是要围绕教学目标进行教学内容的选择与组织以及教学过程的设计。教学目标和教学内容的选择方向应该是一致的，首先要制定能够达到高效教育质量的目标，其次是所选择的教学内容要贯穿目标思想。一切的教学行为都是从教学目标开始的，围绕教学目标去选择教学内容，并通过适当的方法、过程进行教学，最后通过课堂教学评价检测教学效果，根据检测情况采取下一步的教学措施。

教学目标是教学整体的统帅，教学过程的一些行为都要按教学目标要求来进行，教学内容也要紧紧围绕实施和达成教学目标来选择确定，教材内容的取舍、其他教学资源的选择与应用，都要紧扣教学目标，避免教学的盲目和随意性。

不适合的内容，就不能达成教学目标，所以内容和方法的选择必须要服务于教学目标的有效达成。要选择典型的内容，以说明观点，让教学内容成为实现目标的支撑；要选择符合学生身心特点与兴趣的内容，以调动学生学习的积极性；要选择不同角度、不同层面、不同梯度的内容，以拓宽学生的视角、开阔眼界、激活思维；要选择生动形象、直观、多样的内容，以触动学生的情感和态度。

3. 处理好教学目标与教学活动的关系

达成教学目标的要求是需要若干教学活动来支撑的。活动是品德与生活课程教和学的重要方式，活动本身也是教学方式的一种显现，活动方式要对达成教学目标起到积极作用，所以设计活动要首先考虑到它对达成目标的作用。正所谓，活动为达成目标服务，目标是活动的目的和本质内容。

我们在设计教学中的各种师生活动时，不能只追求形式上的热闹和精彩，一切都要紧密围绕着落实教学目标进行设计。我们的目的就是营造高效的课堂，提高教学的有效性。一切活动都要围绕教学效果最优化的目的进行；围绕着落实教学目标进行；围绕着落实教学重点、突破教学难点进行，使教学系统具有最优的整体功能，真正做到教学内容和教学过程的一致性，有效体现新课程标准的理念。

【建议提示】

1. 要突出教学目标的系统性

实现教学目标是个系统工程。有了明确的教学目标，就应该按照目标达成去设计整体教学结构，包括相应的内容、过程、方法和步骤等；除此之外还要在整个过程中按部就班地在每个教学环节、教学活动以及教学评价中去落实教学目标。当教学过程中的各个环节分别完成预设的教学任务、达成环节目标时，这节课的教学效果就会产生了。否则，目标只是虚设，根本无法实现。

2. 要突出教学环节的完整性

有些教师往往在组织教学活动时，只关注了活动过程，却忽略了对此环节的系统性和理性的提升，认为学生活动结束了就算目的达到了。其实不然，因为学生年龄尚小，在活动中获得的认知可能只是直觉的、零散的，如果此时教师不能及时进行总结、概括、提升，就不能给予学生一个完整、系统的认知，就会使教学的有效程度大打折扣。这就需要教师通过对教学活动进行小结来完成，以突出教学的完整性。这是教师引导学生对知识与技能、过程与方法、情感态度与价值观的再认识、再总结、再实践、再升华的教学行为，也是教学整体任务的重要组成部分。

第三章
“课程资源开发——探究体验”教学模式的思考与实施策略

引言：怎样认识课程资源的有效开发与利用及教学模式的建构？

“课程资源”是新一轮国家课程改革所突出的一个重要概念。课程资源的广泛开发和充分利用，关系到课程改革目标的实现和课程实施质量的高低问题。

在课改理念的推动下，品德与生活课教师的课程观、课程资源观、教材观、教学观等也都发生了很大变化。课堂教学中能更多地关注对资源的开发利用，呈现出许多体现课程改革理念的亮点。但仍存在诸多问题，如有的教师资源利用单一，造成教学有效信息输入的缺失；有的教师过度运用资源，剥夺了学生深入讨论和分析问题的机会和时间；还有的教师看不到、找不到资源，导致教学脱离学生的生活。

课程资源指课程要素来源以及实施课程的必要而直接的条件。如教科书、音像资料，师生、家长，学校中、社区中的各种物质设施和文化教育设施，传统风俗、节日活动，自然界中的各种现象、动植物以及地区的气候、季节特点等，这些都是品德与生活课程要素来源和实施课程的必要与直接条件，都是本课程的课程资源。

品德与生活课程的资源具有多样性、开放性的特点。课程资源的广泛开发和充分利用，旨在培养具有良好品德和行为习惯、乐于探究、热爱生活的儿童，促进学生的社会性发展，为课程目标达成服务。

《品德与生活课程标准》指出：“充分地开发并有效地利用各地区的有价值的课程资源，既是扩展和深化课程的有效途径，也是教师创造性教学的重要环节。”这是由课程性质决定的。

本课程的性质是“以小学低年级儿童的生活为基础，以培养具有良好品德与行为习惯、乐于探究、热爱生活的儿童为目标的活动型综合课程”。作为综合课程，其广泛的课程内容必然联系着广泛的课程资源。作为“活动型”课程，活动形式的实施必然要求师生从书内走向书外，从室内走向室外，从校内走向校外，走向社会，走向自然，必然要求广泛开发和充分利用一切可以利用的课程资源。

课程资源开发与利用的关键，是看课程资源能否在课程实施、教学层面发挥它的作用。因为课程资源只有进入课堂，在课程实施过程中，与学生发生互动，建立联系，才能激发学生的学习兴趣、调动学生的情感、促进学生的体验感悟，才能彰显其应有的教育价值和课程意义，最终实现课程资源的价值。

在课程资源的开发与利用中，教师不仅要学会主动地、创造性地利用资源，还要充分挖掘各种资源的潜力和深层次价值，引导并帮助学生在社会大环境里调查、采访、搜集、记录和探索，学会自觉、自发地利用资源，从实践中获得体验，这也是学生主动参与学习感悟的过程。这样所开发的课程资源才会有针对性，更能发挥教学的实效性。

在课程资源开发与利用过程中，可以构建一定的教学模式，使课程实施更有的放矢，关注学生的学习需求、关注学生的生活、关注学生的思想情感和认识以及内在感受，将有形资源与无形资源紧密结合，将体验与探究学习落在实处，将教学方式得到真正的转变，将学生主体作用得以突出体现，从而使教学更有效。

总之，课程资源的开发与利用对教师提出了新的要求，教师作为课程资源开发的主体，不仅要有课程意识，还要转变教学角色，建立新型的师生关系，才能在丰富的课程资源中适当取舍，把握住新的教学和学习取向，保证新课程实施的良好效果。同时，教师只有因地制宜地开发和利用课程资源，努力实现课程资源的发掘和利用的效益最大化，才能使课堂教学成为具有深刻内涵、充满活力的课堂。

一、树立课程资源意识的重要性

（一）教师课程资源意识淡漠对有效教学有什么影响？

大家一定要问什么是课程资源意识？课程资源意识对教学有影响吗？下面我们来看一组对教师的访谈记录，想一想反映了什么问题？

在一次由市区级骨干教师、近三年新入职教师参加的学科教学研讨会上，教师们针对课程资源问题展开讨论。

教师甲：我在平时教学中特别注意多给学生提供收集信息、汇报展示的机会，这样对学生的发展有好处。

教师乙：我们学校在偏远的农村，许多东西学生都没见过、没接触过，可供开发的资源太少了。

教师丙：其实我们可利用的资源太多了，无处不在，就看你是否有一双慧眼去发现。我们要多给学生提供参与、体验、感悟的机会。

……

你对以上老师的观点有什么想法？

这一番对话，一定对你们有很大触动。

第一位教师认为多给学生提供资源，学生就能有更多的汇报和展示的机会，学习效果就越好，就能促进学生的发展。

第二位教师认为地域偏远就会缺乏课程资源，课程资源意识与教学条件有关系。

这些观点都反映了教师对课程资源的认识不足，课程资源意识淡漠，而这些又决定了我们会成为怎样的品德与生活课的教师，决定了我们怎样的课堂教学。

第三位教师课程资源意识较强，关注学生的发展，必然为课程更好的实施而服务。因为意识决定行为，理念指导行为。

什么是课程资源意识？课程资源意识淡漠对教学有什么影响呢？

课程资源意识是指对课程资源本身处理的理解和认识，如包括对课程资源的感知、分析、整理、辨别等。具有课程资源意识是进行课程资源开发和利用的前提。

教师的课程资源意识淡漠，就会对品德与生活课程资源的内涵、功能、性质等认识不清，因而一方面导致在追求课程资源丰富的同时，使有教育价值的重要课程资源被忽视、闲置和浪费，失去教学的针对性和可信度；另一方面导致课程资源开发和利用在一个狭窄的视野里进行，阻碍了教与学方式的真正转变和学生主体作用的发挥，从而制约了品德与生活课程改革的发展。

因此，我们说教师具有课程资源意识，能够为品德与生活课程的实施提供条件保障；为课程目标的实现提供资源保证；为知识与能力、过程与方法、情感态度与价值观多层面标准的实现提供可能性；为学生体验式、探究式、开放式、合作式学习提供支持系统；为在家庭、社区、社会范围内开发新的教育与学习资源提供途径、方法和范例。课程实施水平质量的高低，其中一个重要因素就是教师是否具有课程资源意识。

案例指引一：做个有礼貌的小学生

1. 谈话导入：今天我们来共同学习《做个有礼貌的小学生》这节课，大家先看看小明和小刚是怎么做的吧。

2. 学生看书第51页，观察图意，想想他们会用什么礼貌用语。

3. 提问：谁能看图讲故事，看谁礼貌用语用得准确。

4. 引导评价：刚才他用到什么礼貌用语？

5. 小结：你看他能用到“你好”“请”“对不起”“谢谢”等礼貌用语，真了不起！

6. 提问：谁还能像他这样将故事讲完整，同时注意用上礼貌用语？

7. 过渡提问：看来同学们都知道怎样使用礼貌用语，下面请你试着表演一下，同桌之间先表演，然后在全班做展示。

8. 引导提问：大家表演得都很好，遇到下面的事情你又会怎样做？

9. 课件出示：早晨和老师相见，你会说什么？
怎样归还向别人借的学习用品？
不小心碰掉了别人的东西，你会怎么做？

案例指引二：做个有礼貌的小学生

1. 谈话：听说你们班在学校运动会上获得“精神文明先进集体”的称号，那你们

是怎样做才获得这个荣誉呢？（出示课件：奖状）

2. 小结：你们做到了学校提出的“文明在口中、文明在手中、文明在脚下、文明在心中”的要求，真棒！

3. 提问：你知道的礼貌用语都有哪些呢？什么时候用过？

4. 交流课前调查：生活中使用礼貌用语方面做得比较好的人和事。

5. 现状分析：如果你是小红，你会帮助谁？为什么？

从学生问好的画面中，你有什么发现？

6. 小结：使用礼貌用语，能让我们友好相处，这是尊重别人的表现。

▲你从这两个教学案例中发现和感悟到了什么？

【理性思考】

对比两个案例，我们不难发现：

案例指引一中的教师对课程资源的认识肤浅、视野狭窄，资源利用单一，完全按照教材提供的范例和资源照本宣科，限制了现实生活中新鲜信息的输入，阻碍了学生间的互动交流，教学实效性显然不会很强。因为教师还停留在“教书匠”阶段，教学过程窄化为“教教科书”的过程，课程资源的内容、功能单一，教学方式与手段机械、封闭，难以触动学生心灵、提升学生认识，缺乏课程资源意识。

没有课程资源的意识，就没有思考、开发、挖掘课程资源的策略和能力。因为课程实施的范围和水平，一方面取决于课程资源的丰富程度，另一方面更取决于课程的实施者对课程资源的开发和运用水平，也就是课程资源的适切程度。

案例指引二中的教师能创造性地使用教材，教学紧密结合学生的生活，必将点燃孩子们心中的激情，引发他们真实的情感体验，获得比较真切、比较深刻的道德认知。因此，具有课程资源意识的教师应为每个孩子的发展去发现、挖掘生活中有用的资源，真正“用” 教材教，能够自觉成为课程资源的建设者。

教师的课程资源意识集中体现在两个方面：第一，教师要树立创造性地利用教材的意识。这就要求教师把教材看作是与学生进行对话的素材或范例，是有待进一步探讨、延伸和拓展的资源，即在课程实施中既依据教材又超越教材。第二，教师要树立开发和利用广泛的校内外课程资源的意识，还要有积极发动和引导学生自主地去开发和利用有益的学习资源的意识。从学生发展意义上讲，一切有助于学生成长的物质的、精神的材料和素材都应成为学生的学习资源，如图书资料、音像资料、风俗习惯、名胜古迹、自然风光等。在课程实施中，教师要善于开发利用各种教材以外的课程资源，为课程价值的实现和学生的发展提供多种平台。

品德与生活课程不同于其他学科，更加强调广泛开发和充分利用各种形式的资源。因为道德价值教育不能完全离开生活和社会场景，不能被抽象化和被剥离现实生活，更不能贴标准答案的标签。如果仅限于照搬教材、空洞说教，那么根本无法触及学生丰富敏感的内心世界。作为品德与生活课教师应该在尊重教材的基础上，对教材内容进行增减、补充、拓展、完善乃至重组的创新性使用，尝试从多种渠道的课程资源出发进行设计、权衡和挖掘，使之更有利于学生的学习和理解。教师要最大限度地拓展学生的学习空间，积极促进品德教育与儿童的生活世界紧密相连，引发学生在活动中体验、感悟，在交流中思考、发现，在沟通中创新、成长。

树立课程资源意识，选择、利用、开发课程资源是教师必备的素养。在提倡课程资源开发和利用的今天，品德与生活课教师首先要树立起新的课程资源开发观，逐渐形成开发和利用课程资源的意识和能力。其次，要有一双敏锐的慧眼，从日常生活中发现可利用的资源。这是教师拥有课程资源意识职业习惯的表现，也是心中装着学生、思考课堂教学、用智慧和创造丰富课堂资源的表现。教师只有具备敏锐的课程资源意识，才能保证课程的有效实施。

品德与生活课程的资源非常广泛，有了这些资源才能更好地实施课程。我们要让课程资源在课程实施、教学层面发挥作用，真正实现课程的价值。

【建议提示】

为了实现有效教学，建议教师做到：

1. 认真学习课程标准和先进的教学理念，不断转变观念，树立新的课程资源观，强化课程资源开发利用的意识和能力

在课程改革中，教师不再是教材、教科书的“机械的忠实执行者”，而是学生学习的促进者、组织者、指导者和参与者。教师既是课程资源本身，更是课程资源的开发者和利用者。因此，要不断提升专业素养与能力，广泛开发和利用教材内外、教室内外、学校内外一切物质的和精神的条件，把它们运用到新课程实施的教学活动中去，生成师生共同探究的、活泼有趣的、事半功倍的课程。

2. 深刻理解课程资源的内涵，积极开发和利用课程资源为我所用，更好地实施课程，促进学生的发展

在课程资源的开发与利用中，教师要将“能否促进学生充分发展”作为取舍标准，大力发掘那些能够开放学生头脑和手脚、能够激发学生灵感和创意的课程资源，让学生产生学习的动力和参与的兴趣。

（二）教师树立课程资源意识对课程教育价值的体现有什么意义?

提到课程教育价值这个问题，我们首先要明确品德与生活课程的教育价值是什么。《品德与生活课程标准》中明确指出：“品德与生活课程根据社会与时代发展的需要和儿童身心发展的特点而设置，旨在以正确的价值观引导儿童更好地适应学校生活，形成良好的品德和行为习惯，在充满探究与创造乐趣的童年生活中，为学会生活、学会做人打下基础。”

简而言之，品德与生活课程的核心价值就是为学生学会生活、学会做人打基础。然而实现课程价值的关键是教师是否具有课程意识，作为教师课程意识之一的资源意识对实现教育价值有着非常重要的意义。也就是说，课程资源的开发与利用对实现品德与生活课的有效性具有非常重要的作用。

树立课程资源意识，可以有效达成教学目标。我们都知道，教学目标决定了课堂教学活动的内容、方向，也决定了教学活动的效益。在教学中，学生情感态度的形成、技能的训练、习惯的养成等，都不是靠说教完成的，势必离不开形式多样的主题教学活动，而活动的实施必然要求广泛开发和充分利用各种课程资源。如果教师具有敏锐的课程资源意识和高度的课程资源开发智慧，将一切有利于课程目标的因素都及时而巧妙地转变成可以利用的、有发展价值的课程资源，这样的课堂才会充满蓬勃的生命力，这样的课堂才会有效促进学生和教师的发展，真正成为有效的课堂。

课程资源意识对实现课程价值目标有着如此重要的作用和直接影响，这就需要我们的学科教师树立课程资源意识。如果教师具有课程资源意识，就可能做到时时留心、关注信息并广泛开发和充分利用，为实现品德与生活的教育价值服务。

那么教师树立课程资源意识到底对实现课程价值有哪些意义呢？

案例指引三：春天来了

本课教材呈现了一些春天的画面，教学时教师结合教材中所呈现的资源，组织学生课前进行观察，让孩子们用不同的方式把观察的结果表现出来，课上进行充分地交流和展示。有些学生用绘画的形式展示了春天色彩；有些学生用照片形式记录了春天的复苏，诸如小蚂蚁被春姑娘从洞穴中叫了出来，小树枝长出了淡绿色的嫩芽；还有的同学说出了自己的发现，如人们的衣服变薄了，妈妈把不穿的棉服都收拾起来了等。

案例指引四：规则在校园安家

教师在设计这一课时，对教材其中的一个栏目“班里自己立规矩”的教学活动进行了深入的思考和充分的挖掘。根据本校的班级文化建设特色，教师将教学目标设计为：针对班级评价出现的实际问题，感悟遵守校园规则的意义。制定这个教学目标，是因为本校的班级文化建设成果特别突出，每个班级都有自己的“班级名片”，包括班名、班训、班级口号、班规等。学生通过一年的班级文化教育与引导，已经牢固树立起对自己所在班级的认同感和荣誉感。因此，进行此课教学时，教师就将班级教育管理目标和本课教学目标有机结合起来，通过教师示范、问题解决、自主设计等过程，让学生理解班规，并自主修改和完善班规。学生参与课堂教学活动的积极性特别高，课堂教学效果特别突出。

▲ 你从上述这两个教学案例中发现了什么？

【理性思考】

从案例指引三中，我们会看到教师在教学中没有一味地用教材上的资料，而是课前有意识地带领、指导学生到自然中亲自感受，让每一位学生走进春天、观察春天、了解春天、认识春天、感受春天。课上引导学生将自己在自然中获得的感受、在生活中获得的体验进行交流，从而丰富和提升他们的理性认识。

而案例指引四中的教师，善于把学生身边发生过的事情作为开展学习活动的资源，将抽象的内容变为形象的活动。这样的教学是真实的，是能够真正触动学生心灵、激发学生真情实感的教学，是能够给予学生价值引领的教学，是体现品德与生活课程价值的教学。

这一切源于教师具有鲜明的课程资源意识。有课程资源意识的教师，眼睛关注的是学生真实的生活，关注的是学生身心体验与感悟。

树立课程资源意识，选择、利用、开发课程资源是教师的必备素养。课程资源意识是教师专业意识中的一个重要组成部分，是教师专业成熟的标志之一，是教师专业发展的内在驱动力。教师树立课程资源意识为新课程的实施提供了保障。

1. 树立课程资源意识，可以突出学科特色

我们可以发现，品德与生活课程性质中提到两个关键词：一是“综合课程”；二是“活动型课程”。

作为“综合课程”，它涉及的面十分广泛，不仅涉及儿童的品德与生活，也涉及科学、社会、劳动，对应着综合实践活动；不仅涉及儿童的学校生活，也涉及儿童的家庭生活、社会生活。那么，广泛的课程内容必然联系着广泛的课程资源。

作为“活动型”课程，是基于“生活德育论”和“活动促发展论”而提出的；基于小学生的生活经验和认知特点，要求课程的实施以“主题活动”为载体。而主题活动的形式多种多样：既有资料调查和现场调查、情景模拟和角色扮演、操作性和实践性活动，又有教学游戏、参观访问、欣赏、练习、讨论、讲故事等。这些活动形式的实施必然要求师生从书内走向书外，从室内走向室外，从校内走向校外，走向社会，走向自然，这必然要求广泛开发和充分利用一切可以利用的课程资源。

2. 树立课程资源意识，可以有效达成教学目标

教学目标决定了课堂教学活动的内容、方向，也决定了教学活动的效益。在教学中，学生情感态度的形成、行为的训练、习惯的养成，都不能只靠学生读书或教师的讲述。要实现情感态度、行为习惯方面的目标，绝对离不开形式多样的主题教学活动，而活动的实施必然要求广泛开发和充分利用各种课程资源，这关系到提高课程实施的质量问题。

课程目标主要通过儿童在教师指导下的活动过程去体验、感悟和主动建构来实现。教师有效地开发和利用课程资源，会帮助学生在生活场景中澄清他们的价值陈述与行为，会使学生在轻松愉悦的氛围中，获得最好的适合于生活经验和社会经验的道德价值观。这是教师多少语言也换不来的。

3. 树立课程资源意识，可以实现学生学习方式的转变

在本课程中，儿童获取知识的主要途径是通过活动主动地进行建构，而不是依赖教师的直接传授。我们的教学应该引导儿童通过观察、调查、讨论、参观、访问、制作、种植、饲养、交流等多种方式进行学习，与环境互动、与同伴合作，来获得对自然与社会的亲身体验和感受，获得丰富的知识或经验，获得创造性，提高实践能力。

教师具有课程资源开发意识，能够起到转变课程功能和学习方式的作用。它超越狭隘的教育内容，让师生的生活和经验进入教学过程，让教学“活”起来；同时，改变了学生在教学中的地位，从被动的知识接受者转变成为知识的共同建构者，从而激发学生的学习积极性和主动性。这样有利于使学生品德形成和社会性发展真正回归生活；有利于让学生学会学习，体会到学习不仅是在课堂上、书本上，而且在广阔的社会空间、在丰富多彩的社会生活中时时处处都能学习，体现了品德与生活的课程价值。

4. 树立课程资源意识，可以增强教学实效性

《品德与生活课程标准》中明确指出：“本课程的教科书是教师引导儿童开展活动的重要资源，也可视为帮助教师正确理解本课程教学特点的‘案例’。在使用教科书时，要避免照本宣科或生搬硬套，应结合实际创造性地选择适合的内容，生成适宜的活动，提高教学的实效性。”

在课程标准思想的引领下，我们已经意识到课程资源不能局限于教材，而应当广泛开发和利用教材内外、教室内外、学校内外一切资源。围绕生活中儿童能够理解的重大事件或有意义的公益活动、科学技术的新成果、儿童感兴趣的自然现象、与儿童密切相关的热点问题等开展教学活动，生成师生共同探究的、活泼有趣的、事半功倍的课程。

综上所述，我们知道课程是由教师、学生、文本及环境构筑的生态系统，课程资源无处不在。教师树立课程资源意识，将促进学生的全面发展，提高学生的主体性。学生的实践能力、学习兴趣、创新能力将有全面的发展，对增强教学实效性具有重要的意义。当我们的教学真正做到“以学生发展为本”时，才能真正发现课程的魅力和价值。

【建议提示】

要想切实发挥课程资源对课程价值的有效作用，建议教师做到：

1. 认真研读《品德与生活课程标准》，形成鲜明的课程意识

新的课程观认为课程不只是知识的载体，而是教师和学生共同探求新知的过程，教师和学生是课程的有机构成部分，并作为相互作用的主体。教师即课程，学生即课程，教师和学生都是课程的创造者和主体。

2. 紧密联系学生实际，形成自觉的课程资源意识

鲜明的课程意识要求教师确立课程资源意识，认识到教材仅仅是课程实施的一种文本性资源。这就要求教师：一是能够创造性地利用教材，善于结合学生的实际，联系学生经验和社会实际，紧扣课程标准而不是紧扣教材；二是利用与开发多样课程资源，为学生的发展提供发展机会、发展条件、发展时空和发展途径。教师要善于利用并开发各种教材以外的文本性课程资源、非文本性课程资源，为课程价值的实现和学生的发展提供多种可能的平台。

3. 通过教学模式，强化课程资源意识

通过建构“课程资源开发——探究体验”的教学模式，教师的课程资源意识有了得到强化的平台，只有在实践中，教师的课程资源意识才能生根发芽，才能发挥促进教学有效的作用。

（三）如何强化教师的课程资源意识？

传统的课堂教学与新课程教学的最大变化，就是教师更加重视对课程资源的开发利用，从而增强课堂教学的活力，极大地激发了学生的学习热情。可以说，很多教师已经初步树立了课程资源的意识，但在平时教学中，教师对课程资源的关注度、重视度仍有欠缺，只停留在口头上，没有内化并落实到课堂实践当中。因此，强化教师的课程资源意识尤为重要。

意识决定行动。教师只有把树立课程资源意识的重要性铭刻在心，才能形成个人脑海中根深蒂固的东西，才能促使教师具有开发、利用、共享课程资源的自觉行动。具有鲜明的课程资源意识，是新课程实施中教师所具备的基本素养之一；能够有效开发和利用课程资源为教学服务也是教师必备的基本技能和教师专业化发展成熟的标志。《品德与生活课程标准》中明确指出：“有效地开发和利用课程资源是教师创造性的重要标志和促进教师自身成长的重要途径。”

案例指引五：教师要做有心人

有这样一位老师，他在平时观看电视节目时，凡遇到与学科教学有关的资源都会及时录制下来，包括社会热点、典型案例、先进事迹等；还会将自己旅游时看到的风土人情用镜头记录下来。不仅她自己这样做，还要求自己的学生摘录、剪辑报纸新闻等，为有效补充、完善和丰富教学资源做好资源的积累。这样做，课上起来得心应手，其教学效果也是显而易见的。

▲你从这个教学案例中发现了什么？

【理性思考】

这个案例足以说明这位老师是个有心人，具有强烈的课程资源意识，能将课程资源意识牢牢铭刻在脑海中，变成自觉的行动，主动发现，善于运用。

品德与生活课程中涉及儿童各个层面的生活都是可以开发和利用的资源。可以说生活为我们提供了不可限量的资源。因此，我们要时时以课程资源为重，处处留心，发现和捕捉有价值的资源为我所用。

树立课程资源意识要求教师不要成为教科书的忠实执行者，而要成为与编者、学生及家长一起共同建构课程的合作者；教师不再是教书匠，而是拥有正确教育观念、勤于反思、善于合作的探究者。教师要结合学生生活实际，积极主动获取课程资源，不断强化课程资源意识，以此促进课程目标的达成，促进课程的发展。

如何强化教师的课程资源意识呢？

1. 认识课程资源的重要性，形成时时关注课程资源的自觉行为

品德与生活课程的教学内容不是一个孤立的知识体系，而是博大生动的社会生活画面；不是某种静止不动的状态，而是具有强烈时代感和现实性的动态。因此，最需要关注社会的发展和变化，最需要开发和利用各种各样的课程资源。这就需要我们有一双敏锐的慧眼，从日常生活中发现可利用的资源。具有资源意识的教师在不经意间会敏感地觉察到课程资源的存在，能在课堂教学设计中主动地搜寻、整理课程资源，会在课堂教学过程中敏感的捕捉、利用动态生成的且有价值的即时性课程资源。因此，只有充分认识课程资源的重要性，才能形成时时关注课程资源的自觉行为。

2. 关注课程资源的广泛性，拓展课程资源的视角

众所周知，品德与生活的课程资源非常广泛。比如教学场地、课程标准、教学用书、参考资料、学校师生、家长、社区人员、本地区社会生活中的一些活动和事件、民风民俗、学生生活中发生的一些事例、国家和地区的一些重要事件或突发事件等，这些都是品德与生活课程的必要而直接的资源。有了这些课程资源，才能更好地实施本课程。因此，品德与生活的课程资源是培养学生具有良好品德和行为习惯、乐于探究、热爱生活，促进学生社会性发展的一切必要而直接的实施条件。

教师在教学中要帮助学生将视野投射到社会生活的广阔范围，将思维的触角伸展到人类活动的所有领域，这样教学活动就不可能在教室里照本宣科。这就要求教师要关注课程资源的广泛性，不断拓展教学资源的视角。

首先，教师要关注社会的发展和变化。从中发现与学生的成长和发展相适应的课程资源，将生活中鲜活的事例作为课程资源，增强课程的现实性。

其次，教师要关注学生生活环境的变化。创设多种恰当的方式让学生接触社会，把学生生活的环境作为学生开展研究性学习、体验性学习的重要的课程资源。

最后，教师要关注学生的生活经历。教师要注重从学生的生活积累出发，把学生已有的生活经验与课程的具体内容建立起联系，激发学生学习的内在动机，鼓励学生积极探究，在源于学生的生活实际、回归生活的教育中实现生活的价值。

除此之外，教师还要关注并主动获取来自于社区、环境、文学书籍等方面的资源，在此基础上进行重组整合，加强协作教学，并适度开放教学。

3. 关注课程资源的实效性，践行学科教学理念

品德与生活的课程目标是为学生形成良好的品德和行为习惯，在充满探究与创造乐趣的童年生活中学会生活、学会做人打下基础。为了实现课程目标，教师一定要强化课程资源意识，依据学生实际，努力开发和利用各种课程资源，关注课程资源的实效性，践行学科教学理念。

(1)以教学目标为标准，捕捉课程资源。

具有课程资源意识的教师应为每个孩子的发展去发现、挖掘生活中有用的资源，能够自觉成为课程资源的建设者。因此，教师不仅要研究教科书中的主题内涵，还要从学生角度出发，充分联系社会生活和学生实际，积极参与课程资源的开发，主动去获取资源。从这个意义上说，教学不是忠实的实施计划、教案的过程，而应是课程资源创新和开发的过程。这需要教师和学生的劳动，特别是教师的主动性、创造性的劳动。

(2)以学生生活为起点，筛选课程资源。

只有让学生置身于丰富多彩的日常生活世界之中，学生才能够体验到“诗意人生”。皮亚杰的知识建构理论指出，学生是在自己的生活经验基础上，在主动的活动中建构自己的知识的。也就是说，学习者并不是空着脑袋走进教室的，而是在以往的生活、学习和交往活动中，已经逐步形成了自己对各种现象的理解和看法，而且他们具有利用现有知识经验进行推论的智力潜能，即通过新经验与原有生活知识经验的相互作用，来充实、丰富和改造自己的知识经验。

品德与生活课源于学生的生活实际，重视生活的价值。课程的学习以学生的生活积累为基础，课程对学生的教育要回归生活。因此，我们要善于动员和利用学生已有的生活经验，并与课程的具体内容之间建立起联系，激发学生学习的内在动机，鼓励学生积极探究。

以学生为起点的课程资源应该关注各种媒体资源，用以丰富课堂教学。因为小学生认识水平有限，生活经验不足，因此教师应尽可能通过多种途径获取各种除教材资源之外的各类媒体资源，如音像、影视、图片、实物等。这样就可以化抽象为具体、化静态为动态，把空洞的内容变成生动、具体、形象的易被小学生接受的学习资源。

以学生为起点的课程资源还包括家校资源，因为家庭和学校来自于学生的生活，距离学生生活近，所以容易获取。这样获得的资源更真实，而且资源中传递的情感态度与价值观以及知识、能力更易让学生信服，更会触动学生的心灵。

经过筛选后的课程资源架构了学生与课程、学生与文本、学生与课堂的联系，从而丰富了文本，使学生在多种课程资源的作用下，感悟道理，不断生成新的发现、新的感受、新的收获和新的经验，优化了教学效果。

因此，教师要在理解文本的基础上，抓住儿童的“兴趣点”，发掘教材中的“空白点”，寻找课程新的“增长点”，不断把对儿童发展有意义的教育资源引入课堂，拓展课程的内容，真正实现品德课程源于生活、高于生活、指导生活的理念。

(3)以学生发展为落脚点，生成课程资源。

以学生发展为落脚点的课程资源应该关注学生生成的资源，真正做到关注学生的发展。因为学生是学习的主体，所以我们不仅要关注学生个体资源，还要善于开发学生群体资源。将学生的生活经验、兴趣、个性差异乃至错误都要看成课程宝贵的资源，这样使教学更具说服力，会激发学生学习的积极性和创造性。

课程资源的开发与利用将更好地促进学生的发展。因为课程资源的引入会带动教育手段、教学组织形式等方面的变革，推动现有教育模式的改革，提高学生的主体性。

生活到处都是资源，教师必须强化课程资源开发的能力和意识，善于寻找、发现和挖掘，这样有助于教师真正成为课程开发和课程实施的“创造者”，这样才能为课程价值的实现和学生的发展提供多种平台，才能不断增强课程的实效性。

【建议提示】

要想切实强化课程资源意识，建议教师做到：

1. 关注课程目标，发挥课程资源在实现目标中的重要作用

课程资源是课程实施的必要前提。新理念告诉我们，课程资源的丰富性和适切性程度决定课程目标的实现范围和实现水平，没有课程资源的广泛支持，再美好的课程改革设想也只能是海市蜃楼、昙花一现。

2. 关注生活，善于发现生活中的课程资源并为教学所用

具有课程资源意识的教师在不经意间会敏感地觉察到课程资源的存在，能在课堂教学设计中主动的搜寻、整理课程资源，会在课堂教学过程中敏感的捕捉、利用动态生成的且有价值的即时性课程资源。

3. 要关注学生，不断拓展课程资源的新视野

具有课程资源新视野的教师应该清晰地认识到：教师在强化自我资源意识的同时还要强化学生的课程资源意识。

首先，要善于开发与利用学生能动性的课程资源。学生是教学活动的对象，是教学的主体。学生的积极参与是成功组织教学活动必不可少的，学生的动手、动口能力直接关系到教学活动的成功与否。因此，发挥学生的主观能动性，挖掘学生课程资源是上好品德与生活课的重要途径。

其次，要善于开发与利用学生差异性的课程资源。学生的错误认知和创新思维以及学生的体验都是值得开发和利用的课程资源。鲁迅说：“一千个读者就有一千个哈姆雷特。”学生在生活经验、兴趣、智能倾向上有差异，对学习内容的理解方向、理解深度有所不同，这是教师值得注意和利用的课程资源，要善于引导学生在差异中取长补短，在差异中丰富和拓展自己。

二、品德与生活课程资源的特点与分类及有效利用

(一)本学科课程资源的分类和作用是什么?

课程资源是新一轮国家基础教育课程改革所突出的一个重要概念。

课程资源是指供给课程活动、满足课程活动需要的一切素材和条件。它包括构成课程目标、课程内容的来源和保障课程活动的设备和材料。课程资源不是指向课程活动的本身,而是指向构成课程活动所需要的一切素材和条件。

在课改理念的推动下,品德与生活课程教师的课程观、课程资源观、教材观、教学观等也都发生了很大变化。

下面我们一起来听听两位教师对课程资源的理解:

教师甲:教学时有些内容仅靠单一的教科书是很难达成教学目标的,所以我在教学中,会利用一些资源为教学服务。我认为在课上可以利用的,能帮助老师教学、能帮助学生学习的各种因素,比如教学课件、教学用具、博物馆、大自然中的各种事物、社区人员、家长等都是课程资源。

教师乙:我每次上课都要思考怎样发挥资源的作用为教学服务。我觉得能促进课程内容与现代社会、科技发展和学生生活的紧密联系,给学生提供主动参与、探究发现、交流合作且能增长知识、开发智力、培养能力、陶冶情操的一切要素都应是课程资源。

从以上这两位教师对课程资源的理解和做法中不难看出,教师的观念已经发生了很多转变,对课程资源有了一定的认识和理解。但对于品德与生活课程资源特有的功能和作用还不太明确,需要进一步研究与提升。

什么是品德与生活的课程资源呢?

品德与生活课程资源就是培养学生具有良好品德和行为习惯、乐于探究、热爱生活,促进学生社会性发展的一切必要而直接的实施条件。如教科书、音像资料;师生、家长;学校中、社区中的各种物质设施、文化教育设施;传统风俗、节日活动;自然界中的各种现象、动植物以及地区的气候、季节特点等,都是品德与生活课程要素来源和实施课程的必要与直接条件,都是本课程的课程资源。

根据品德与生活课程的特点,可以把课程资源分成哪几类呢?

从课程资源的表现形式来看,课程资源可以分为有形资源和无形资源。有形资源指教科书、音像资料、教师指导材料等;无形资源指学校开展的各种活动、传统的民俗民风以及社会生活中的现象、事件、社会热点问题等。

从课程资源的来源范围来看,课程资源可以分为校内资源和校外资源。校内资源,如学校内的校园文化、学校组织开展的各种活动等;校外资源有社区、博物馆

场馆等学校以外的资源。

从课程资源的功能来看，课程资源可以分为实施课程的条件性资源和素材性资源。条件性资源指的是作用于课程，在很大程度上决定着课程的实施范围和实施水平的资源，包括课时安排、师资配备、开设课程的教学场地，必要的媒介和设备、设施等；素材性资源指与课程密切或直接相关的，并且作为课程的素材出现的资源，如教师，教学内容，学校或社区图书馆资源，网络资源，儿童日常经验中所见、所闻、所感，儿童在家庭与父母之间的交往，学校中的游戏，学校组织的日常活动；等等。

虽然品德与生活课程资源的分类不同，但是不同类别之间相互有交叉、有联系，各自的特性也不同。由于品德与生活课程的设计理念、思路以及课程内容决定了课程资源是丰富多样的，不仅如此，即使同一个内容的课程资源，由于本课程面对的教学对象不同，他们所处的地域和社会环境不同，加上时代的背景和价值取向，使得本课程资源有极大的差异，因此，品德与生活课程资源具有多样性和开放性的特点。

正是由于本课程资源的特点，因此对品德与生活课程的有效教学具有极其重要的作用。有了这些课程资源，才能更好地实施本课程，促进学生的社会性发展，为课程目标达成服务。因为课程资源只有进入课堂，在课程实施过程中，与学生发生互动，建立联系，才能激发学生的学习兴趣、调动学生的情感、促进学生的体验感悟，才能彰显其应有的课程意义，最终实现课程价值。

案例指引六：我会好好吃

1. 教师课前请学生围绕自己的一日三餐进行观察，并做好观察记录。课上，学生之间进行交流分享。

2. 引导学生发现问题，梳理出偏食、暴饮暴食、不按时按量吃饭等问题。

3. 教师利用《营养膳食宝塔》动画短片，模拟暴饮暴食的气球实验，分析生活中的案例，引领学生进行分析、讨论、观察、探究，进一步明确要养成良好的饮食习惯。

案例指引七：我们一起做

1. 提问：在平时生活中，需要大家一起做的事情有很多呢。现在就请你先和小伙伴们一起说一说，在家里、学校里或是社会上，你和别人一起做过哪些事？

2. 学生交流，教师适时引导。

(1)采摘。

提问：说说你们是怎样做的？一起做时你们有什么好方法？当时心情怎么样？

小结：看来一起做能很好地完成好分配的任务，活动中也分享了快乐。

(2)放风筝。

提问：你们一起放风筝时，遇到风筝飞不稳时是怎么解决的？

提问：这样做有什么好处？

小结：我们互相多学习，多出主意，共同想办法，这样才能做好一件事。

(3)大扫除。

提问：学校大扫除时，我们班经常得到两颗奖励星，把你们的好经验介绍一下吧。

提问：为什么能获得这样的荣誉与奖励呢？

小结：你们能把自己所承担的事做好，共同解决问题，真棒！

(4)出板报。

提问：咱们班的板报都是由谁负责的？你们是怎样做的？

提问：为什么要这样做呢？

▲ 从这两个教学案例中，你发现课程资源有哪些重要的作用？

【理性思考】

品德与生活课程资源是根据教学对象所处的区域中具有自己独特内容和形式的各种形成品德课程因素的对象来源，其特点是作用于课程，并且能够成为课程的素材或来源，它是学生学习和收获的对象。有了课程资源，才能更好地实施本课程，这关系到课程改革目标的实现。

从这几个案例中，我们可以发现课程资源在品德与生活教学中发挥着重要作用。

1. 贴近生活，有效达成教学目标

我们的课程最终的目的就是促进每一个学生的发展。它与其他学科不同，我们的教育对象由于所处的环境和地域差异，每一个学生都是独特的，因此课程资源要贴近学生的生活，引发学生对生活的思考与感悟。如案例六中，教师在课前组织学生观察自己的一日三餐，并做好观察记录，从而梳理出学生在饮食习惯中的主要问题。课上教师针对这些问题，利用多媒体和实验模拟操作等方式，引导学生自主发现、体验和探究，学生获得的感受是深刻的，必然使学生意识到培养良好生活习惯的重要性，有效达成教学目标。

2. 关注生活，引导学生的学习方式

品德与生活课程是一门活动型的综合课程，课堂教学组织形式是在教师指导下围绕各种活动而展开，因此，教与学的方式随着课程资源的开发与利用而发生了改变。从案例中我们看到，教师在课程实施中关注了学生的生活，积极引领学生进行探究、合作、体验、问题解决等多样化的学习。如案例六中引导学生课前观察记录，课堂上围绕饮食习惯记录进行分析、讨论，从而获得认识上的提升。案例七中通过回顾生活、讨论交流等方式，引发学生对一起做、好处多的认识。可见课程资源对于学生的学习方式具有引导作用。

3. 结合实际，补充丰富的教材内容

品德与生活教材在内容选择和主题设计时虽然尽可能地考虑了儿童所面临的主

要问题，但由于地区差异，各地儿童的生活经验也不尽相同，因此，教材提供的主题和内容仅供教学时参考，需要教师在使用过程中充分考虑本地区、本班儿童生活的特殊情况，灵活地选用、修改或补充本教科书的主题活动。

苏联教育家苏霍姆林斯基曾说："用环境、用学生自己周围的情景、用丰富集体生活的一切东西进行教育。这是教育过程最微妙的领域之一。"因此，在实际教学中，老师们都会选取视频、图画或学生生活的经历和经验等不同种类的资源，使教学内容更加丰富，更加直观、形象、生动。

如案例指引七，教材内容呈现了学生一起植树、一起做汽车模型、一起捐书、和妈妈绕毛线等活动场景，但是教学中不能就图论图，分析怎样植树、怎样一起绕毛线。因为这些事情孩子都没有参与过，因此，教师启发学生回顾生活中和别人一起做过的事情，在交流的基础上提升学生对分工合作、合作力量大等观点的认识。这样的教学才能真正融入学生的生活，增强教学的实效性。

4. 巧妙利用，激发学生的学习兴趣

兴趣是最好的老师，只有学生对学习的内容感兴趣，才会产生强烈的求知欲望，才能调动全部感官，积极主动地参与教与学的全过程。上述案例中，教师充分利用丰富多样的课程资源吸引学生，激发了学生的学习热情和学习兴趣。如案例指引六中，教师播放生动的动画视频资源，并模拟进行实验，使学生深刻感受不良生活习惯对身体造成的影响，这都源于教师对课程资源的巧妙利用，从而激发学生学习的兴趣，促进他们积极主动地思考，获得实践感悟。

【建议提示】

为了充分发挥课程资源在教学中的重要作用，建议教师做到：

1. 了解课程资源的特点，提高开发课程资源的能力

课程资源在新课程标准理念下的作用日益凸显，能否积极有效地开发利用各种课程资源，关系到课程性质、目标的实现，制约着课程实施的质量。有效地开发、利用课程资源也是教师创造性的重要标志和促进教师自身成长的重要途径。因此，教师要进一步树立开发利用课程资源的意识，明晰课程资源特点与作用，提升开发课程资源的能力。

2. 因地制宜开发利用各种资源，不断增强教学实效

品德与生活课堂如果仅限于照搬教材、空洞说教，那么根本无法触及学生丰富敏感的内心世界。因此，教师要充分开发与利用学生生活中的各种课程资源，强化学生的认识，引导学生体验感悟，指引学生的道德行为，不断增强教学实效。

(二)你了解品德与生活学科课程资源开发和利用的特殊意义吗?

在品德与生活课的实施过程中，应当更加强调广泛开发和充分利用各种形式的资源，这关系到本课程的性质、目标的实现，制约着课程实施的质量。有效地开发和利用课程资源也是教师创造性的重要标志和促进教师自身成长的重要途径。

再有，品德与生活课程以“培养具有良好品德和行为习惯、乐于探究、热爱生活的儿童”为目标，其目标的不同维度依次为情感与态度、行为与习惯、知识与技能、过程与方法。课程目标的不同维度表述时是把情感与态度、行为与习惯放在了前面，这体现了本门课程的特殊性。要实现情感态度、行为习惯方面的目标，绝对离不开学生情感态度这一重要因素，而这是需要学生参与形式多样的主题教学活动，从中获得心灵的陶冶、情感的激发，促进感悟的生成。当然资源开发与利用是教学活动中的一种重要形式，所以广泛开发和充分利用各种课程资源，这关系到提高课程实施的质量问题。

课程资源开发与利用的关键，是看课程资源能否在课程实施、课堂教学层面发挥它的作用。因为课程资源只有进入课堂，在课程实施过程中，与学生发生互动，建立联系，才能激发学生的学习兴趣，调动学生的情感、促进学生的体验感悟；才能彰显其应有的教育价值和课程意义，最终实现课程资源的价值。

案例指引八：春天来了

课前老师组织学生观察春天，让学生用不同的方式把观察的结果记录下来。于是我们看到学生们用绘画、照片等形式把眼中的春天画了出来。有些学生发现人们身上穿的衣服变薄了，星期日和妈妈把不穿的棉服都收拾了起来；有的学生发现社区大树下的小蚂蚁被春姑娘从洞穴中叫了出来；还有的学生发现了校园里小树枝长出了嫩芽，是淡绿色的。他们用画笔、用照片记录了各自的观察与发现。

在课堂教学中，教师组织学生交流分享自己眼中发现的春天，在交流分享中，有的学生说：“校园里的小树发芽了。”有的说：“我看到社区大树下小蚂蚁跑出来了。”还有的同学说：“人们都把冬天的羽绒服脱掉了。”同学们眼中的春天各不相同，在交流中，大家又有了新的发现。在此基础上，教师进行梳理和提升，引领学生发现春天里天气的变化、动植物的变化、人们的变化等，进而让学生感受春天这个季节的美丽。

案例指引九：北京发展变化大

课前，教师布置学生去观察北京的发展变化。通过实地观察、拍摄、访谈，到图书馆、网上收集资料等形式，让学生对北京日新月异的发展有直观地认识。课上，教师让学生汇报收集到的材料，联系自己的亲身经历、所见所闻，说说自己的感受。面对学生发现的问题(因外来人口多、汽车多等造成生活的不便)，教师引导学生通过小组交流讨论，运用已有的知识、经验，促使学生从不同角度观察、认识、分析问题。在课堂上老师还引导学生从正、反两个方面进行充分交流和讨论，由此引导学生热爱家乡、热爱北京的道德情感。

▲从这两个教学案例中你发现了什么？

【理性思考】

品德与生活课程资源对学生的发展具有独特的价值。与传统教科书相比，课程资源是丰富的、大量的、具有开放性的，它以具体形象、生动活泼和学生能够亲自参与等特点，给学生多方面的信息刺激，调动学生多种感官参与活动，激发学生兴趣，使学生身临其境，在愉悦中增长知识、培养能力、陶冶情操。

课程资源的开发，其实质就是寻找一切为能师生进入课程学习、能够与教育教学活动联系起来的资源。因此，我们要充分地利用课程资源，让它进入课程，让学生在活动中自觉去感悟，获得真切的体验，真正有效地提升道德观念，不断增强教学的实效性，这也是建构“课程资源开发——探究体验”教学模式的价值所在。

其实，品德与生活课程资源的开发与利用是互为作用的。如案例指引八中，教师组织学生进行课前观察，并用画笔、照片等方式记录眼中的春天，这就是课程资源开发的过程，而课前观察记录就是为了课堂中的交流分享。那么，没有了课前的观察也就没有课上的分享，因此开发是利用的前提和基础，利用是开发的目的。再有，课程资源开发的过程也包含一定的利用，而课程资源的利用也会促进资源的进一步开发。如案例指引八中，学生在观察春天的过程中，就会对春天有一定的认识和了解，也就是学生在开发课程资源的过程中自然就进入了课程的学习；而在课上分享的过程中，不同学生眼中的春天是不一样的，那么在分享交流中，学生对春天的认识又有了进一步的提升。

品德与生活课程资源开发和利用之所以具有这种互为作用的特殊性，正是由品德与生活课程资源具有开放性的特点决定的。在开发课程资源的过程中，只有师生真正进入课程的学习，才能彰显应有的教育价值和课程意义。

品德与生活课程资源能否在课程实施、课堂教学层面发挥作用，是课程资源开发和利用的关键。从案例指引九中，我们看到教师组织学生对北京的发展变化进行观察访问，而上课时充分利用学生的调查结果引发学生思考感悟，并针对存在的问题引导渗透学会用一分为二的方法看问题，用发展的眼光来看待问题。这样的教学不逃避现实，能够引起学生情感的共鸣，这源于教师能够开发并有效运用课程资源，实现了教学的有效性。

【建议提示】

为了更好的认识课程资源的价值与意义，积极进行开发与利用，建议教师做到：

1. 提高对课程资源开发与利用的重要性的认识

如果品德与生活课程不注重资源的开发与利用，就会制约本课程的实施效果，阻碍课程目标的达成。因此，教师要提高认识，寻找一切能使学生进入课程学习、能够与教育教学活动联系起来的资源，为课程实施服务，为达成目标服务，为实现课程价值服务。

2. 课程资源的开发与利用要与儿童的生活世界紧密相连

本课程视儿童的生活为宝贵的课程资源。我们的课程要以儿童生活中的需要和问题为出发点；以儿童的现实生活为课程内容的主要源泉；以正确的价值观引导儿童在生活中发展、在发展中生活。这样才能促进品德教育与儿童的生活世界紧密相连，才能增进课程内容的现实性和亲近感，让学生在自然和谐的氛围中进行思维的碰撞、心与心的交流，切实提高教学的实效性。

（三）如何巧妙利用课程资源增强教学的有效性？

我们知道生活中到处都是资源，教师要善于寻找、发现、捕捉和挖掘。那是不是有了丰富的课程资源，我们的教学就一定是师生互动的课堂、促进学生发展的课堂、具有教学实效的课堂呢？其实，关键还在于如何更好地运用课程资源，促进学生的体验、感悟，让它在教学中发挥应有的作用。

那么在品德教育中，课程资源有效运用的意义何在？

有效的品德课堂，离不开课程资源的合理运用。因为课程资源作为一种教育力量，直接进入学生的生活世界，引导儿童热爱生活、学习做人，是把道德寓于儿童的生活中，因此对学生的思想观念和行为方式产生着广泛而深远的影响。

怎样才能把丰富多彩的课程资源引入每一节品德与生活课，增进课程内容的现实性和亲近感，让学生在自然和谐的氛围中进行思维的碰撞、心与心的交流，切实提高教学的实效性呢？

教师只有巧用资源，努力实现课程资源利用的效益最大化，才能使品德与生活的课堂成为具有深刻内涵、充满活力的课堂。

案例指引十：让自己快乐起来

课前，教师通过调查与分析，了解到所有的学生都是喜欢快乐的，但是只有68%的孩子认为自己是快乐的；100%的孩子在生活中遇到过不快乐，但是却只有不到1/3的孩子知道如何去化解心中的不快。而且通过调查，发现孩子们的烦恼还真不少，自己的、家人的、小朋友之间的，甚至还有这样的声音："我已经尽力了，可是数学老师还说我淘气，我不快乐。""老师老是说我的字不好，可是我已经很努力了。"有这样烦恼的学生为数不少，这些都是学生生活中真实存在的、活生生的事实。

课上，教师创设一个模拟的教学情境：教师分别从自己和他班学生的口中说出学生的实际问题，请有类似烦恼的学生来帮助解决问题。这样的情境使学生愿意主动参与活动，在交流中分享。在沟通的过程中，引导孩子当遇到不开心的事时，多为对方想一想，多站在对方的角度去思考，从而解决了学生存在的实际问题。

案例指引十一：收获的秋天

这节课的目标是认识秋天收获的一些果实和蔬菜等，初步学会给果实和种子分类的方法，进一步认识秋天的显著特征。由于学生生活在山区，因此教师就充分利用富有地方特色的课程资源。教学时，学生将自家收获的果实、蔬菜拿到了课堂。

通过引导学生看一看果实什么样子、摸一摸什么感觉、尝一尝什么味道，教学目标在学生的各种有趣的活动中顺利达成。

案例指引十二：坐、立、走，姿势好

教学中，教师将学校保安、领奖的学生等人的站姿和集会时校长、学生的坐姿、运动会上老师的走姿等作为课程资源呈现在课堂上。学生看到这些画面感到特别亲切，由于这些都是他们身边的人，每天都能见到，非常熟悉。在此基础上教师激发学生向身边的榜样学习，使学生愿意养成良好的坐、立、走姿势的良好愿望，在此基础上引导学生掌握正确的坐、立、走姿势。

案例指引十三：好玩的玩具

教师为了让孩子们体会到传统玩具在长辈们童年生活中的重要性，认识到传统玩具的趣味性，与体育老师协商，开展了“民族传统游戏运动会”。比赛内容是推铁环、踢毽子。孩子们经历了由学到会，再到进行比赛的过程，不仅尝试到学习过程中的困难，也更多的是享受到了其中的乐趣，在玩中体会到了玩具带给人们锻炼身体、愉悦身心的目的。

▲ 从以上几个教学案例中，你得到了哪些启示？

【理性思考】

品德与生活课程的资源非常丰富，对于资源的开发与利用不能任意而行，需要做出筛选，需要一定的原则来规范。为了达到课程资源应用效益的最大化，在巧用课程资源时我们应遵循哪些原则呢？

1. 坚持以学生为本原则

在课程资源的利用中，我们要将“能否促进学生充分发展”作为首要的标准。因为我们的课程是以儿童的生活为基础，以培养品德良好、乐于探究、热爱生活的儿童为目标的。要将那些能够开放学生头脑和手脚、能够激发学生灵感和创意的课程资源引入课堂，让学生产生学习的动力和参与的兴趣，促进学生的发展。在案例指引十《让自己快乐起来》的教学中，我们看到教师针对学生开展调研，了解学生的实际问题，从儿童心理学角度去分析这个年龄段孩子具有的情绪化的特征，并依据学生的这些特点充分利用资源解决问题。这些资源的开发和运用，就是从学生角度出发，关注学生的心理体验，对于促进学生自我反思、自我警示、自我成长有很好的引导和启示作用。

2. 坚持因地制宜原则

教科书《品德与生活》遵循了儿童的生活逻辑，成为能与儿童对话的文本。但是我们国家地域广阔，不同地区的差异很大，不同的学生，其生活经历、生活经验、生活方式等也都不尽相同，因此教学时要充分认识学校周围环境的价值。如案例指引十一中的这位教师在开发课程资源的过程中因地制宜地利用了地域资源，这样让学生感到真切，愿意参与教学活动，从而获得深刻的道德感悟。因此，课程资源的利用，不仅要关注学生的共性，还要关注个性，要充分利用各地区的有价值的课程资源，因地制宜，因时制宜，因材施教。只有这样才能真正与学生的生活接轨，与生活链接，与生活同步，与生活对话。

3. 坚持活动性原则

《品德与生活课程标准》指出：“本课程超越单一的书本知识的传递和接受，以活动为教和学的基本形式。课程的呈现形态主要是儿童直接参与的各种主题活动、游戏或其他实践活动；课程目标主要通过儿童在教师指导下的活动过程中的体验、感悟和主动建构来实现。”因此，品德与生活课程资源的利用，就要体现学生在教师的指导下，通过直接参与各种活动，产生真实的感受和情绪体验，确保学生通过有意义的、真实的活动获得道德水平的发展。如在案例指引十一中，我们还看到教师围绕课程资源组织了各种活动，让学生在看一看、摸一摸、尝一尝等各种活动中感受秋天是个收获的季节。所以只有在课程资源的利用中坚持活动性原则，才能凸显课程的性质和理念。

4. 坚持整合性原则

《品德与生活课程标准》主张教学要面向学生的生活实际，倡导探究、体验、感悟等学习方式。“创造条件让学生积极参与社会实践，体验社会生活，在理解和感悟中受到教育，获得经验，逐步提高认识社会、参与社会、适应社会的能力。”教材里也安排了大量的资料收集、观察、调查、访谈、实践、交流及研究性学习的活动，摒弃了传统的学习方式，更多地从体验、感悟、理解中让学生受到教益，提高学生的社会生活能力。教学时，可以结合各种活动，借助于家长、社区工作人员以及各科教师的协作开展课程学习。如与少先队组织的活动相结合，和学生的家庭生活相结合，和学校的“综合实践活动”相结合等，这样更有利于课程目标的达成。从案例指引十二中，我们看到教师整合多种人力资源，如教师资源、学生资源、学校服务人员资源等，作为榜样力量出现在学生的视野中，起到激励、促进和鼓舞的作用，引导学生从他们的身上发现坐、立、走姿势好的意义，从而树立向身边的榜样学习，养成良好的生活习惯的愿望。

总之，在课程资源的开发与利用中，教师不仅要学会主动地、创造性地利用资源，还要充分挖掘各种资源的潜力和深层次价值，引导并帮助学生学会自觉、自发地利用资源。教师还要努力实现课程资源的发掘和利用的效益最大化，使品德与生活课堂教学真正成为具有深刻内涵、充满活力的课堂。

【建议提示】

巧妙利用课程资源的原则与方法有很多，建议教师做到：

1. 课程资源的开发与利用要真正为学生服务，保障课程实施的深度和广度

课程资源的巧妙应用是为了课程目标的有效实现，因此，在明确课程目标的前提下，认真分析与课程目标相应的课程资源，充分了解学生的需要，寻求最有助于实现课程目标的课程资源。因为课程资源的利用是为学生服务，只有对学生的愿望、兴趣、需求等了如指掌，才能保障课程实施的深度和广度。

2. 要树立“少即是多”的意识，对课程资源加强筛选，提高综合运用的能力

无论是素材性课程资源还是条件性课程资源的利用，都必须符合品德与生活课程的特点，服务于课程的教学，我们应该清楚地区分：哪些资源的利用与教学内容有直接的关系？哪些有间接的关系？权衡筛选，按不同的价值取向录用。这样根据资源的不同特点，配合教学内容，充分发挥课程资源的效能，就能避免盲目性和形式主义。

三、教科书是品德与生活最重要的课程资源

（一）应该怎样理解教科书的作用？

开发和利用课程资源是一个实践性很强、涉及面很广的创造性工作，对任课教师来说都是一个富有挑战性的新课题。在众多的课程资源中，教科书是一个非常重要而又特殊的资源，是教师在教学中离不开的一个资源。那么具体地说，什么是教科书呢？

教科书是指狭义的教材。教科书是一个课程的核心教学材料，它一般不是原始研究成果，而是对某学科现有知识和成果进行综合归纳和系统阐述。教科书在材料的筛选、概念的解释、不同观点或学派的介绍，以及学科知识的综合归纳、分析论证和结论等方面，一般都具有全面、系统、准确的特征。

品德与生活课程属于德育课程，德育课程的教科书具有以下五个特征：第一，德育课程教材不单是学生阅读的课文，而是师生对话的文本；第二，德育课程教材不是纯粹的知识载体，而是激发学生主动学习的学材；第三，德育课程新教材没有简单呈现由编者预设的唯一结论，而是注重设计典型的生活事例、生活事件，旨在为学生营造感受、体验的条件和氛围，促使学生在与教材相互作用的动态进程中生成新的意义；第四，德育课程教材不是静态、封闭的文本，而是具有延展性，为多元吸纳当下生活的最新元素和科学技术的最新成果留出了空间；第五，德育课程教材不是显性道德说教，而是以隐性的、渗透的方式对学生进行价值引导。

在教学实践中老师们对教科书的认识是怎样的呢？我们先来看看对两位教师的访谈。

教师甲：平时上课的时候，我一般是拿着教科书去上课，书中有什么就教什么，我认为书上的内容就是学生应该学会的内容，书上有文字就让学生读会了，书上有很多插图就给学生一幅一幅讲明白。

教师乙：教科书平时我也用，但用处不大。书上很多图、很多内容和我们这里

的学生实际都不太符合，所以基本上有什么主题内容我就结合我们这里孩子的情况讲一讲，有时间就让学生看看书，没时间就不看了。

这两位教师的访谈可能反映了一部分老师的心声，这也是教学的常态。第一位教师比较重视教科书的运用，但是存在着依照教科书讲教科书的问题；第二位教师做得很好的地方是能够考虑到品德与生活课程“生活性”的特点，但是在一定程度上忽略了教科书的设计目的及意图。这样的现象在教学中并不少见，教师讲教科书、学生读教科书，随意处理教科书在某些时候成为了一种常态。那么这个最常见的、接触最多的教科书到底有什么作用呢？

1. 教科书是范例

范例，顾名思义就是可以仿效的事例、典范。叶圣陶先生说：“教材无非是个例子，凭借这些例子教学生掌握这个工具，形成良好的学习习惯，达到学的目的。”教科书是依据课程标准编写的系统反映学科内容的教学用书，作为教材构成的一分子，品德与生活课程的性质和理念决定了教科书具有范例性的特点。它的内容的选择和编写，具有一定的内在认知逻辑，体现了一定的内容要点，并且遵循着学生发展、学习时间等逻辑关系。

《品德与生活课程标准》指出：“正确理解和应用教科书。本课程的教科书是教师引导儿童开展活动的重要资源，也可视为帮助教师正确理解本课程教学特点的‘案例’。在使用教材时，要避免照本宣科或生搬硬套，要结合实际创造性地选择适合的内容，生成适宜的活动，提高教学的实效性。”

2. 教科书是教与学的中介，是实现教学目标的重要工具

教科书是依据国家的教育方针和对应的课程标准，组织学科教学的专家和其他相关人员开发、编写而成的育人载体。如果说，国家课程是一种理想设计，那我们的教学工作就是将它转化为可操作的现实课程，而教科书内容在其中起桥梁和纽带的作用。教科书能够较为系统地反映课程目标、课程内容、课程评价等要旨，所以说教科书是实现教学目标的一个重要工具。同时，教科书是使学生达到课程标准所规定的目标要求的内容载体，从本质上说，教科书不仅仅是一种信息资源，更是学生直接作用的对象，是促进学生发展的工具和手段，是教与学的中介。

3. 教科书影响教与学策略的选择和运用，引导教师创设情境

教科书不论从语言文字、图片、照片等各方面的设计都经过了打造和研磨，它的内容不是信息平面化呈现，而是每一个内容都具有一定的设计或配合了一定情境，比如我们在教科书中会看到，有的内容呈现了观察发现的模式，有的内容呈现了体验的方式等，这些提示的活动方式实际就是教科书有意设计的学习方式。

《品德与生活》教科书强调教科书促进学生发展的功能，力图体现从“教本”向“学本”转变，从“文本”向“对话”转变，从“知识”向“素质”转变，以最大限度地促进学生的学习和发展，这是对学生学习策略的具体指引。作为给予教师教学和学生学习的“引路者”，选用不同的学习方式、通过不同的视角看待问题，从不同的层面思考问题，这就给我们的教和学输入了方式方法的信息，同样这也是教学策略的设计和具体体现。

案例指引十四：保护牙齿，预防牙病——三照小镜子活动

活动一：一照小镜子

1. 提问：同学们平时经常照镜子，但是你们用镜子观察过自己的牙齿吗？老师请同学们用小镜子来观察自己的牙齿吧，看看你的牙齿是什么样的？

2. 小结：同学们都观察了自己的牙齿，看到了牙齿的样子，每个人观察到的也不一样，那么怎么样让我们的牙齿又洁白又整齐、看上去更加的漂亮和精神呢？我们一起做个小实验吧！

活动二：二照小镜子

1. 谈话：今天上课老师给同学们带来一些饼干，我们一起来发挥牙齿的作用，吃一块小饼干。

2. 提问：吃完的同学，请你拿起小镜子，再来仔细观察一下自己的牙齿吧。说说现在你看到了什么呢？

3. 提问：同学们看到了是我们吃过饼干之后的残渣，请大家想一想，平时在什么时候，牙齿也会有这样的现象呀？

4. 提问：看来，我们只要吃过东西，嘴里就会有食物残渣。那么，根据你们的生活经验，你认为什么方法能够解决这个问题呢？

5. 小结：吃过东西后漱口是很好的保护牙齿的方法，因为我们有时不方便总是刷牙，但是漱口就方便得多。

6. 提问：请同学们用自己水壶中的白开水漱漱口，然后把漱口水吐掉，看看你能发现什么呢？

活动三：三照小镜子

1. 提问：漱口之后，我们的牙齿会有变化吗？同学们快拿出小镜子，再来照照自己的牙齿。

2. 提问：那么那些残渣哪儿去了。请你们观察一下刚才的漱口水。这告诉我们什么呢？

3. 小结：是啊，你们看漱口有着多么重要的作用啊！这种方法既方便又快捷，除了早晚刷牙，我们还要做到吃过东西后漱漱口，这样能让我们的牙齿更加健康、漂亮。

案例指引十五：废旧物品再利用——“大变身”活动

活动一：开拓思维，拓展思路

1. 谈话：今天老师带来了一些很特别的东西，想看吗？让我们一起来数三、二、一，教师揭开讲台桌上面盖着的布。（出示用废旧物品制作的精美作品）

（学生：哇，太漂亮了，真好玩，太有意思了……）

2. 提问：你们都喜欢哪个作品啊？快让我们来看看。它们都是用什么制作而成的，有什么作用呢？

生1：我喜欢这个，花篮。（多种废旧物品做成的一个作品——花篮）

3. 提问：它是用什么做的？一共用了几样废旧物品？（学生通过摸、看、猜来了解作品）

4. 提问：如果把制作花篮的这些废旧物品都扔了会怎样？那么现在它又可以怎样用呢？

5. 小结：制作这个花篮的人用几件不起眼的废旧物品就做出了这么漂亮的作品，美化了我们的生活，真是太有创意了。

生2：这个是干什么用的？好像是刮皮用的。

6. 提问：你还真说对了，这个是刮皮器。你们看看这是用什么做的？

生3：用一个木块和瓶子盖做的。

7. 小结：这个刮皮器可好用了，我在家里用它来刮掉土豆皮，还可以刮鱼鳞呢。这个好方法你今天可以回去告诉妈妈啊！你看它作用多大啊！

8. 提问：看了这个作品，你们有什么想说的？

9. 小结：这些作品这么吸引我们，这么精美，那么在超市或别的地方能买到吗？这些作品都是独一无二的，是制作者动脑思考、动手制作出来的。它们不仅美观实用、能给我们的生活带来方便，还能够减少废旧物品的产生，既节约了资源又保护了环境，真是好处多多呀！

活动二：动手动脑合作实践

1. 提问：看了这么多用废旧物品做成的东西，同学们想不想亲手尝试？那就让我们把这些废旧物品好好的利用起来。想想一会儿在制作时我们要注意些什么呢？

2. 提问：先别着急动手做，在制作前先静下心动脑筋想想你要用哪些东西做些什么？做完后它能有什么用？是想合作完成还是自己完成呢？

3. 动手操作：废旧物品大变身！看看谁做出来的东西最与众不同，有创意。

案例指引十六：春天来了——观察春天活动

教师带着学生走进学校的“小菜园”，在这里，每个班的同学播下的种子才刚刚发出很小很小的嫩芽，它们弯曲着、向下使劲低着头，好像生怕被人看见一样。教师带领学生到小菜园中，睁大眼睛，去找找春天在哪里。学生们兴奋地发现了小苗的影子。老师让学生小心翼翼地到菜园中，看看小苗有多高，长什么样子。引导学生感受春天是一个万物生长的季节。

案例指引十七：我自己会整理——整理书包、整理储物柜比赛

1. 提问：我们学习了整理书包的方法，知道了怎样整理书包，那么我们一起来比比赛好吗？我们先来看看比赛规则。

教学课件出示：整理书包比赛规则

在听到开始的口令后可以开始整理书包。在听到停止口令后马上结束。

比赛结束后，以书包干净、整齐，同时拿取物品最快者为获胜者。

2. 学生开始比赛。

3. 提问：比赛结束了，同学们打开你的书包，在小组中先来评一评，看看大家的书包是否都是整齐的呢？

4. 组织活动：下面我们开始拿取物品比赛，听老师的口令，请同学们拿出品德与生活书；第二次请同学们拿出数学学具袋；第三次请同学们拿出语文生字本。

老师分别请出三次拿取物品最快的同学。

5. 提问：同学们整理了自己的书包，我们能够按照学习的整理方法整理什么物品呢？

6. 组织活动：教室中每个同学都有一个储物柜，那我们再来开展一个整理储物柜的比赛吧！因为教室地方比较小，我们分组来开展比赛。

▲你从这几个教学案例中受到什么启发？有哪些新的思考呢？

【理性思考】

这几个案例从不同的角度体现了教科书的作用。

我们先来看看案例指引十四，这是一年级下册《我换牙了》一课中的一个话题——保护牙齿，预防牙病。这个案例很好地体现了教科书范例性的特点。对于低年级学生，教科书中呈现了学生生活中如不爱刷牙、爱吃甜食和零食、害怕到医院检查牙齿等现象。呈现这些现象的目的是为了帮助学生在了解爱护牙齿重要性的基础上，学习保护牙齿的方法。教师通过课前调查发现，本校学生经过幼儿园、学校卫生教育等多方面知识的积累，对于每天应该刷牙、不要吃过多的甜食已经有了一定的认识，但是学生存在的问题是什么呢？我们来看老师的课前调查情况统计：

学生刷牙情况调查表

（单位：人）

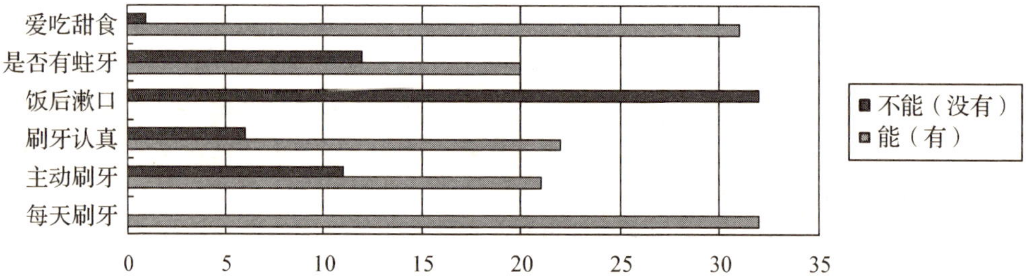

从调查表中可以看到：牙病问题是本班学生普遍存在的问题，大部分学生因为饭后不漱口、刷牙不认真、不爱刷牙或过多地吃甜食，蛀牙的情况较为严重。面对学生已经掌握的知识和现状，我们能够看到其呈现出的反差，学生保护牙齿的行为

与他们的认识有着比较大的差距，看来学生需要的是真正触及到他们的心灵的感受。我们看到的教师所设计的“三照小镜子”的活动，活动的目的是为了引发学生对饮食之后牙齿中留有残渣的感受，同时体验到漱口给口腔带来的变化，感悟到漱口的重要性。这个活动的设计具有一定的创新意识，其中最重要的一个亮点，就是教师在进行活动设计时，遵循着教科书的核心内容，将教科书的设计意图与活动很好地融合在一起，达到了课程对学生的要求，凸显了教科书的范例性。

案例指引十五《废旧物品再利用》是二年级下册的一个学习内容。我们先来看看《品德与生活课程标准》在相关内容中的要求：在“负责任、有爱心地生活”中“遵守社会道德规范”标题下面，有“爱护动植物，节约资源，为保护环境做力所能及的事”。在“动手动脑有创意地生活”中“设计与制作”标题下面，有“喜欢利用身边的材料自制小玩具、小礼物或者布置环境等来丰富和美化生活”的具体要求。理解上述具体要求之后，我们再来看看这个学习内容在教科书中的编排体系。《废旧物品再利用》是《美化家园》这个课题下面的一个话题，而《美化家园》是《让家园更美好》这个单元中的一个主题内容。从教科书的编排上我们可以看出，通过《废旧物品再利用》这个话题的学习，引导学生感受到把废旧用品充分利用起来，让它们得到有效的再利用，这样可以减少垃圾的产生，也就是美化了我们的家园，这样可以通过我们的双手使我们生活的家园环境更好，达到单元“让家园更美好”的目的。在教科书内容的具体呈现上，呈现了学生生活中有效利用废旧物品的例子，如用废塑料瓶子盖作棋子，用废的空塑料瓶作沙锤等。教科书这样设计的目的是为了给学生一些启发，引导学生观察身边有哪些废旧物品，可以把它们再次利用起来，同时引导学生动手动脑，设计制作。

在对《品德与生活课程标准》相关内容有了了解之后，同时也就明确了教科书的编排体系，理解了它的编写意图，这样有利于制定准确的教学目标，教学才能够是有效的。在这个整体分析的过程中，教科书的地位凸显出来。教师所设计的“动手动脑合作实践”环节，就是依据教科书所呈现的内容，将教科书的内容进行了充分地运用，这是在读懂教科书的意图后，据教科书的编写意图设计了教学活动，这样的教学活动凸显了教科书是重要的教学资源，成为了教和学的中介，为教学指明了目标和方向。

《春天来了》和《我自己会整理》这两个案例片段，很好地体现了教科书在影响教与学策略的选择和运用，引导教师创设情境方面的作用，展示了教科书在引导教师组织活动方式方面的特色。在《春天来了》这个学习内容中，教科书展示了春天到了的美好画面，花红柳绿、燕子呢喃、小河流水等，同时教科书提出了这样的问题“春天来了，你看到了什么？听到了什么？”“看看你身边的春天有哪些变化?”这些问题的提出，提示学生不仅仅要在教科书中感受春天，更重要的是到生活中去找春天。教科书的提示内容实际是为教师选择教学策略提供了具体的方式。因此，教师带着学生走进小菜园，走进校园，走进生活，让学生沐浴在和煦的春风中，观察春天的特点。而这个活动方式的选择和情境的创设，来自于教科书的情境呈现。

《我自己会整理》这一课在教科书中呈现的内容中，提出了“比一比，看谁做得又快又好”的内容，这样的教学内容的呈现提示教师组织学生进行整理书包或者整理其他自己物品的比赛，把学习的整理的方法进行实践运用。在这个教学案例中，教师在组织学生整理书包之后，又组织学生开展了小组整理储物柜的比赛。这个项目显然是教科书中没有的，而这个班级的每个学生在教室的后面都有一个小小的储物柜，来放自己的小件学具。这个整理储物柜的活动，教师是从教科书整理书包的提示活动中获得灵感，使教科书所提示的教学策略更好地得以运用，同时也使得教学活动更加符合学生的生活，体现了品德与生活课程生活性的特点，使教学活动更为有效。

【建议提示】

1. 教科书作为范例，要与学生的生活接轨才会凸显有效性

教科书作为范例是教学的方向和标靶，了解学生、了解真实的学生的生活是使品德与生活教学凸显实效的基础，这是本学科的一个重要特色。从学生学习的角度看，著名心理学家奥苏贝尔有一句至理名言：“假如让我把全部教育心理学仅仅归结为一条原理的话，那么，我将一言以蔽之：影响学习的唯一最重要的因素，就是学习者已经知道了什么，要探明这一点，并应据此进行教学。”把教学建立在学生已有的知识和生活经验之上，这是教学必须遵循的“金科玉律”，是教学成功的有效策略。

因此在教学过程中，我们不仅仅要关注到学生的现状，并且要能够有效地引导学生发现生活中的问题，进而寻找到解决问题的方法，帮助学生更好地、更积极地生活。

2. 要尊重教科书，更要研读课程标准

教科书体现了国家对学生成长的要求，体现了课程标准的具体目标，它就像为大海航行中的船指引航向的灯塔一样，是实现教学目标的重要工具。因此，我们要尊重教科书。

课程标准是一个学科的纲领性文件，教科书的内容都是依据课程标准中的内容标准来编写的，所以教科书中的内容都是课程标准的具体体现。而学生通过每个具体内容的学习，来达到课程标准所提出的总目标。可以说，教科书每个具体目标的达成，能够帮助学生一步步实现课程总目标。研读课程标准，能够帮助教师更为有效地分析和运用教科书。教师对课程标准的正确理解和把握使教师能够具有较高的站位，能够站得高、看得远，所以，教师在教学中既要尊重教科书，更要研读课程标准。

3. 恰当利用教科书提示的活动情境，为有效教学服务

教科书在活动情境的设计中起到了重要的作用，促使教学内容更加贴近实际，更加有效，这也体现了教科书作为资源的重要性。陶行知说过：“到处是生活，即到处是教育；整个社会是生活的场所，亦即教育之场所。”“一切教育必须通过生活才有效。”因此教科书中情境的设计，指引教师关注眼前学生的生活，使学习内容与学生生活紧密融合在一起，力图建立一条学习与生活之间畅通的渠道。

在活动情境的设计上，我们倡导要有较强的针对性，结合本地情况、学生生活、学生认知等多方面的因素，进行富有特色的活动设计，这样才能体现出品德与生活学科的特点，达到育人的目标，而教科书在一定程度上为我们要达到什么目标、怎样达到目标起了把握方向的作用。教师所设计的活动情境，整体的活动目的要符合教科书的意图，活动整体环节、步骤要与教科书的目的相符，这样有利于教师依据教科书的目的和意图、提示的活动方式创造出恰当、有特色的教学活动。

(二)为什么提倡用教科书而不能教教科书?

在众多的教学资源中，教科书是重要的资源之一。对很多教师来说，从教教科书到用教科书教，大家在观念上普遍接受。用教科书、教教科书仅仅是一字之差，差距到底有多大，有哪些不同呢？

首先，内涵不同。如果我们单纯地从字面上去解释，教教科书，也就是指教师把教科书上的内容交给学生；用教科书是指教师用教科书的内容来教学生。如果从一些教师的理解角度看，教教科书现在是“教死书、死教书、教书死”的代表，用教科书教，是把教材当作一种资源，根据实际，灵活地因地制宜、因校制宜、因儿童制宜，创造性地使用教科书。课程改革的新理念和新教科书功能的转变，要求教师要树立“资源意识”，以课程标准为依据，认真研究教科书，创造性地开发和使用它，使教科书真正成为一种动态的、生成性的课程资源。可以说，用教科书教还是教教科书是区分新旧教学的分水岭。

其次，体现了不同的教材观。教教科书是指这样一种教材观：把教材当圣经，恪守教材不敢越雷池半步。教教科书就成了只教概念、原理等知识的代名词，常常把目标单一地定位于教知识和书上的某种方法上。而用教科书教，就是要通过教育教学活动实现：引导学生参与探索、感悟并理解知识的产生、形成、抽象、概括和发展的过程；在学习知识的过程中领悟科学的思维方法，培养提出问题、分析和解决问题的能力；在学习知识的过程中渗透信息聚合理念，培养收集、整合等处理信息的能力；在学习知识的过程中渗透意志品质训练，培养科学严谨的精神；在学习知识的过程中充分发挥教师的主动性和积极性，实现教师以实际行动参与课程资源建设，促进师生共同成长的目标。

我们理解了教教科书和用教科书教的区别，那么平时教科书的使用过程中现状是怎样的？教师是怎样看待这个问题的呢？我们选取了几位比较有典型性的教师的困惑。

教师甲：教科书的内容挺丰富的，我认为让学生看着教科书来学习就很好了，我们平时都是这么做的。遇到有些学生不懂的或者做不到的，我们也就不让学生看了，看了也做不到。

教师乙：我看到有些内容，觉得好像离我们这里的学生生活很远，但是如果要自己重新设计学习内容，不仅很费时间，而且负担会很重。所以不管教科书是什么内容，我都教。

教师丙：教科书就是课程的所有的内容，拿着教科书上课，才能把这些内容都学习完。

教师丁：我们也设计活动，想和我们的学生生活结合起来，可是设计的活动也不能适合每个孩子，所以最后还是选择讲教科书了。

你从教师的感受和困惑中发现了什么？有什么想法呢？

案例指引十八：团团圆圆过中秋

教师在课前布置学生开展观察月亮的活动，给每个学生发了一张调查表，请学生把连续两周之内观察的四次月亮形状记录下来。课堂教学中，教师请学生把自己记录的月亮形状在小组交流的基础上，每个小组推荐一名代表进行全班交流。在学生交流的同时，教师对应学生观察的情况，补充了大量的关于月亮的知识，如上弦月、下弦月、月亮的变化和人类登月等，并用生动、形象的视频课件呈现出来。这部分内容学生学得很有兴趣，兴致也很高涨。在一节课后面的时间，教师和学生一起学习了关于中秋节的内容。

案例指引十九：过新年

1. 提问：新年到来的时候，在你的家里、学校里都是用什么方式庆祝这个节日的？

2. 提问：在家里全家团聚在一起，迎接美好的新年到来，还有一些人们是怎么庆祝新年的呢？我们一起来看看。

3. 出示：教材图片(国内地区、港台地区、国外人们欢度新年的景象)人们为什么要开展这么多的欢庆活动呢？

4. 提问：除了这些场景，你们还知道其他地区的人们都会举行哪些庆祝活动？同学们也收集了许多迎新年的资料，谁愿意与大家分享？

生：我在电视里看到过，西班牙用斗牛迎接新年。

师：斗牛是西班牙的传统活动，他们用传统的活动来迎接新一年的到来。

……

5. 提问：人们有这么多的迎接新年的庆祝活动，都表达了人们对新一年的美好期盼！老师请大家再来看看世界上迎新年的活动好吗？

出示课件：课件中分别呈现澳大利亚、日本、瑞士等国家迎新年活动的标题链接。

教师请一位学生到电脑前点击，并播放澳大利亚人们在悉尼歌剧院上空放焰火庆祝新年的视频。

6. 提问：我们看到了各个国家的人们都在庆祝新年的到来，现在来谈谈你们看到这些场面有什么感受呢？你能感受到人们在这个节日里的什么心情呢？

案例指引二十：看我多精神

在导入环节，教师请学生通过欣赏不同场景下人们的各种姿势，如站在领操台上的体育老师，站在国旗下的护卫战士，电视台正在直播的播音员，会场及机场的礼仪人员，正在行进中的队伍……请学生观察他们的姿势是怎样的，看上去感觉怎样？在学生感受到这样的姿势都很精神，看上去很舒服后，教师请学生说说怎样的姿势是正确的，正确的姿势的做法是什么。然后，教师请学生打开书，看看教材上提示的坐、立、走的姿势都是怎样的，怎样做才是姿势正确，怎样做才让我们更精神。最后教师带着学生进行实践练习，练习如何坐正、站直、走好。

▲ 这几个案例，引起了你哪些思考？

【理性思考】

上面呈现的教师教学中对于使用教科书的困惑和三个案例片段，这些内容是不是可以引发我们的一些思考呢？

我们先来看看教师们在用教科书方面的困惑吧。一些教师认为所有的课程内容就是教科书的内容，把教科书的内容学习了，也就是完成了课程的学习，这种认识显然是不正确、比较片面的。其实这些困惑、现象体现出教师在用教科书方面存在问题的根源，具体分析，还是对课程内容、教学内容、教科书三者之间的关系比较混淆。

我们再来看看《团团圆圆过中秋》这个案例片段。教师布置的观察月亮的作业受到了学生的喜爱，学生饶有兴趣地完成了这项作业，并且在教学中学生表现出比较高的学习积极性，乐于学习，乐于交流，对教师补充的关于月亮的知识也非常喜爱。从表面上看，这节课学生学习积极主动，氛围宽松，教师进行了相关知识的搜集与查找，补充了与教学内容相关的素材，并受到了学生的欢迎。而静下心来细细反思这节课，在热闹和愉悦的同时，不禁让人产生这样的疑问，教师补充的月亮知识虽然生动有趣，但它是教学的重点内容吗？这部分补充内容是否需要呢？需要占课时的多少呢？我们来看看教科书的提示，在中秋家人聚会、赏月和思念不在身边的亲人三个重点内容后面，教科书提出了“中秋节的月亮真圆，月亮天天都是这么圆吗？”这样的问题。认真分析之后我们会感受到这个主题的重点内容应该在前面，了解中秋节的传统习俗，感受中秋节是一个团圆的节日，在这个传统节日里，表达了人们期盼团圆、期盼全家幸福的美好心愿。重点内容并不是后面呈现的关于月亮形状的思考，由此可见，教师把教科书的设计意图抛在一边，肯定不能达成教学目标。

案例《过新年》和《看我多精神》，在用教科书方面有值得大家学习的地方。这两位教师不仅将教材的内容作为了学习内容，并且遵循教材的设计意图，结合学生实际，进行了相关内容的补充，这些补充的资源和教科书相得益彰。新年是一个世界人民的节日，因此执教《过新年》的老师在引导学生学习教材内容之后，请学生介绍了自己所知道的其他地方过新年的场景，然后教师通过视频，请学生选择观看了其他国家、地区过新年的热闹场景，从中帮助学生感受到新年的热闹、欢庆、愉悦，感受到人们对新一年生活的美好憧憬。而教师在教学《看我多精神》导入部分，引导学生通过视频内容，形象直观地展示了坐、立、走有精神的面貌，为学生建立了姿势美、形象美、展现文明的初步感受；然后请学生通过观察和感受说说怎样才是坐、立、走的正确姿势，进而请学生看看教科书中的正确姿势图和儿歌。本课教科书的编写角度是呈现正确的姿势，学习怎样做到姿势正确的儿歌，因此教师巧妙地将教科书运用在学生结合自己生活、自己感悟的基础上，通过教科书起到了验证、学习、再巩固的作用。

通过对上面教师困惑和教学案例的分析，可以看出教师在不能教教科书而要用教科书这方面存在问题的根源，最终还是体现在对课程及其理念的认识上，以及前面提到的对课程内容、教学内容、教科书三者之间的关系比较混淆。只有把这些内容概念厘清、分析清楚，才能解决目前存在的这些困惑和问题。

1. 课程内容不等于教科书，教科书不等于课程内容

新课程的概念内涵强调，课程不只是“文本课程”(教学计划、教学大纲、教科书等文件)，更是“体验课程”。这里的“体验课程”也就是说课程不再是特定的知识载体，而是教师和学生共同探求新知的过程，教师和学生也都是课程中的部分。这样看，课程与教科书是不等同的，课程内容是作为国家课程的基本规定，是我们必须完成的教学任务。也就是说，国家课程通过课程标准规范着学科的教学内容、技能、方法和情感态度价值观等。而教科书仅仅是课程的一部分内容。

2. 教学内容是根据教学目标和学情对教科书内容进行的教学设计

教学内容就是教师在教学过程中根据具体的教学目标和教学情境对教科书内容进行方法化处理，形成具体有效的教学设计。也就是说，教科书内容进入教师的教学过程，经由教师的加工处理和“教学化”过程转变成为教学内容。

教科书内容是教学内容的一个成分，但不是全部。教学内容是教师通过课程这一物化形式，对教科书这个中介进行的创造性的、个性的演绎。教学内容不仅是开放的，还是动态的，是在教学过程中创造的。其实进行教学时，教师依据教科书，同时会补充一些资源，起到密切联系学生生活、拓展学生视野等作用，这是不可或缺的，但是这些教学内容并不是教科书中的内容。所以通俗地讲，教学内容不等同于教科书内容，教学内容大于教科书内容，教科书是教学内容中的一部分。

3. 教科书呈现的是对学生的水平要求，不能适应每个学生的具体情况

教科书是依据课程标准和课程内容来编写的，是对学生水平要求的限定，不论是哪里的学生，经过努力学习都能够达到这样的标准。

但是不可忽视的是，我们国家有着自己的特殊性，国土面积大，全国各地的发展不平均、差异大，教科书所呈现的水平要求显然不能够符合每个地区的具体情况，更不能适应每个学生的具体情况。那么当遇到这样的问题时，我们要提出的一个问题是怎么办？是不是需要我们都要教？答案是“需要！”教材既然呈现了我们国家所要求的平均水平，那么作为国家的一分子，孩子们就应该了解我们国家的现状和发展，同时也能够引导孩子认识到，我们的国家在发展过程中还有差异，我们要好好学习，今后更好地建设自己的祖国和自己的家乡。

举个例子来说，在我们的教科书内容中有认识简单交通的标志，能知道按照交通标志的指示去做。在有些地区，可能没有交通标志，学生也没有见过交通标志，这样的情况下有些老师选择不学了，因为现在学习了也用不上。这样的做法是不正确的，现在学生的生活中没有交通标志，今后这个地区在发展过程中也不会有交通标志吗？现在学生生活在这里没有，那么今后这些学生走入乡镇、走进城市，那里也没有交通标志吗？我们的学习要求是水平要求，为达到这样的标准，也为学生今后更好地生活，教科书的内容在不同地区存有差异，但是学生的标准不能降低。

【建议提示】

1. 准确理解课程内容、教科书内容、教学内容三者的关系

课程内容、教科书内容、教学内容三者既有联系又有明显的区别。课程内容规定的是学科某一阶段共同的统一的内容和标准或要求；教科书内容是依据课程标准的课程内容要求，结合学生普遍学情和认知规律，具体化呈现，既有生动内容又有学习策略；教学内容则是根据课程内容要求和教材内容以及学生具体实际进行的再设计，是经由教师的加工处理和“教学化”过程转变成为教学内容，是教师教学的蓝本，是具体的、个别的，并能体现差异。三者之间是相互依存、相互作用、相互影响的。

2. 教师需要更新教材观，明确教科书是范例、是学材

教科书是教学的范例，是学材。教师和学生不是“材料员”而是“建筑师”，他们是材料的主人，更是运用教材获得新的知识与启迪，建构新的认知的智慧创生的主体。对教科书的认识和处理体现了教师教材观的转变。

3. 要结合实际动态理解教科书，准确把握内涵

教科书是知识化、文字化、实体化的课程，能够系统地反映课程目标、课程内容、课程评价等要旨。但是，有些课程目标、课程思想是无法全部显示于教科书之中的。人类对事物的认识是不断发生变化的，知识是不断更新的，定型的教材无法反映新的认识成果和新的社会实践经验。因此仅仅解读教科书文本，显然不能激发学生的真正的道德情感，对价值观的引领显得力量不足。

4. 灵活使用教科书才能有利于激活学生思维

教科书的知识体系，是经过反复加工过的，虽然符合人的认识规律和认知结构，但是在面对问题时，人的认识和思维又是多种多样的，人的思维不可能和教科书的顺序完全一致，完全按照教科书来学习，就会限制人的自由思维。因此学习过程中需要学习者去思考、去对比、去联系、去发现、去归纳、去总结，灵活使用教科书，发挥其最大功效。

(三)怎样做才能用好教科书?

教科书是教师教学施教的依据，是学生学习的主要信息载体，是最主要的媒介和重要的资源，用好教科书对教学有效性起着至关重要的作用。那么，平时的教学中怎样做才能用好教科书呢？我们可以从以下几个方面入手：

1. 基于课程标准，正确理解、准确把握教科书，才能用好教科书

教科书的编写是在课程标准的指导下进行的，遵循课程构建的思路，严格遵守课程标准的要求，体现课程标准的精神。那么我们研读教科书、认识和理解教科书必然也要符合课程标准的要求。这样才能对教科书理解到位，使用好教科书。

2. 基于生活，研究教科书，活用教科书，才能用好教科书

在教学过程中，常常会出现教师“教了什么”与学生实际“学了什么”之间存在着较大差距的现象，原因之一是教师选择的教学内容没有基于学生的生活和实际需要，只是老师自身的“一厢情愿”。要避免这样的现象，我们要关注到课程与生活之间是一种双向联通的开放关系，在课程内容的选择中既要让儿童的生活进入课程内容，与教科书的意图、目的、学习策略紧密结合，这样可以让儿童通过课程所学到的东西能够最终回归到儿童生活中去发挥作用，这是用好教科书的一个重要方面。

3. 基于实际，因地制宜，加强针对性，才能用好教科书

我们国家不同地区的生活有巨大差异，教科书不能够照顾到不同地区的特点、环境，存在不同生活环境下有差异的学生。因此教学内容的选择，要建立在对教科书内容充分理解的基础上，同时因地制宜，进行教科书的调整，加强针对性，以符合学生学习的需要。

4. 基于学生，遵循学生认知规律，才能用好教科书

小学一二年级的学生的认知规律、心理特征都是有其特点的，比如以直观形象思维为主等，因此我们所学习的内容要贴近学生的认知水平，更符合学生的需要心理，让学生跳一跳能够摘到果子。在选取教学内容时教师不妨蹲下来，试着倾听孩子的声音，真正走进学生的内心，了解学生真实的认知、情感、能力水平，这样教学会充满童心、童趣，富有生活气息。这样的学习是我们品德与生活课程所追求的一种境界。

5. 教科书不是教学唯一的资源，选择和补充适当资源促使教学更具有效性

教科书为我们提供了有序的教学内容、方法和思路。其内容的选择、水平的确定、方法的选择、资源的配给都是着眼普遍的学习成就。而每个地区、每所学校面对的学生则有更为具体的需求。教科书不可能呈现所有地区、所有学生的需求，这样就给教师提出了一个要求，除了教科书这个重要的资源以外，需要选择和补充适当资源，来促使我们的教学更具有效性。

案例指引二十一：平安回家

教师请学生观察教科书中所呈现的交通标志，说说平时见过这些交通标志吗？在哪里见过？它们代表什么意思？继而教师请学生说说，还见过什么样的交通标志？出现在哪里？代表什么？然后教师呈现与学生生活密切相关的交通标志进行补充。教师请学生思考：我们认识这些交通标志、知道它们的意思，对我们的生活有什么帮助呢？

为了进一步认识、熟知交通标志，教师进行了如下的活动设计：授课教师所在学校处于一个老旧的小区里面，小区不封闭，学校门前的道路比较窄，上下学的时间点来往车辆很多，交通比较复杂。上课时教师征求学校同意，对学生安全做了充分预设，教学中把学生带到了学校的门口，请学生观察学校周围的交通状况和交通的环境，请学生们谈一谈走在这样的路上要注意什么？过这样的马路该怎么过？甚至请学生实际练一练过马路，带领着学生在学校周边走一走，观察一下周边的交通环境和交通标志有哪些。

案例指引二十二：小心，别伤着

教师：我们了解了书中的小朋友生活中发生的受伤害的事情，那么你在生活中有没有发生过这样的意外情况呢？你受过伤吗？

生：有！

师：谁有过受伤的经历，请举手示意。我来数一数人数。咱们班几乎大部分同学都有过受伤的经历，老师想做一下现场采访好吗？

教师现场采访学生：

你是什么时间受的伤？

在什么地点受的伤？

受伤的经过是怎样的？

你受伤之后有什么感觉？爸爸妈妈或者别人是怎样提醒你的？

通过受伤这件事情，对于怎么保护自己你知道了什么？

▲你从上面的案例中发现了什么？有什么启示呢？

【理性思考】

上面的两个案例对于怎样才能用好教科书给我们以启示。

案例指引二十一《平安回家》这个片段，教师在用好教科书的基础上，又充分利用了学校的周围环境资源。对于一年级的小学生来说，他们对于为什么要认识交通标志，认识它有什么作用并不清楚。因此，教师首先利用课堂教学，引导学生认识教科书中所呈现的交通标志，并启发他们对好处的思考。为了进一步说明这个问题，教师带领学生进行了实践活动。“教师所在学校处于一个老旧的小区里面，小区不封闭，学校门前的道路比较窄，上下学的时间点来往车辆很多，交通比较复杂。”这是学生真实的生活，面对这样的复杂状况，教师并没有选择躲避，而是选择了如何引导学生在具体的现实问题中学习过马路。虽然目前一年级的学生可能并不需要在上学放学时独自过马路，但是我们相信，通过学习肯定会提高学生的安全意识和自我保护的能力。这样的教学结合了学生的生活实际，因地制宜，教学具有针对性，这是用好教科书的表现。那么，教师为什么要这样设计呢？我们来看看《品德与生活课程标准》中对这方面的具体要求，在“健康、安全地生活”框架中的第9条是这样表述的：“认识常见的交通标志和安全标志，遵守交通规则。不到危险的地方去玩，避免意外伤害。”可见，教师所设计的活动帮助学生达到了课程标准的水平要求。

在《小心，别伤着》这个教学片段中，教师将教科书的学习内容与生活结合，学生的生活是教师选择资源的基础。有多少学生受过伤？是在什么情况下受伤的？受伤之后有什么感受？这些问题除了体现出“生活”和“学情”是教师选择和充实教学内容的一个重要标准之外，我们还感受到教师所设计的问题既有生活，又符合学生的认知水平。如果教师问题的难度太高，学生认为他们的能力不足以达到目标，那么对成功的期望值就会降低，他们也就不会全身心地投入到学习中。如果教师所提出的问题仅仅关注到大面上，没有深入地追问，寻求原因，学生也会缺乏思考的空间。所以我们应该充分关注学情，使内容的难度符合学生的“最近发展区”，可以选择、补充解决学生实际问题的内容。

【建议提示】

1. 准确把握课程标准和教科书的主题内涵最为关键

《品德与生活课程标准》是针对小学低年级儿童品德发展的学习内容。教科书的主题与课程标准的内容是相符的。准确把握好课程标准，需要教师一方面学习和感悟课程标准的理念、内涵、具体要求，另一方面要理解课程标准对学生的水平要求是什么，要明确通过品德与生活课程的学习，学生要达到的学习目标是怎样的。

把握教科书的主题内涵，是因为我们在教学中需要调整或拓宽延展内容，首先要明确教科书的本质要点是什么，主题内在的教育目的与教育价值是什么，也就是它要做出的典范引领的本质内涵是什么，这样才可能做出既符合教科书意图又符合地方特点、时代特点、学生特点的同质性内容的效仿延展。这样也才不失教科书本意，让教学与学生的现实生活对接。使教科书成为师生对话的“话题”，成为师生共同发展的“文化中介”。这对达成教学目标、实现教学有效性具有积极意义。

2. 关注学生的学习基础，设计有梯度的活动，为有效教学保驾护航

不管到了什么时候，学生的学习基础是教师用教材教的落脚点，也是根本目标，即为了提高学生的全面素养。如果脱离了学生的发展和学生的内在需求谈用好教科书、谈教学有效性，那么我们教学就会没有了“魂”。我们在用好教科书时关注到学生的学习，才会考虑自己设计的活动是否符合学生的需求，符合学生的认知规律。找到这样的学习起点，教师才会以教学资源开发者的意识，把自己的个人特质、教学经验、教学特色融入到对教科书的加工、改造之中，为有效教学服务。

总之，按照课程改革的新理念，教科书并不是教师的“圣经”，是教师组织开展教学活动和学生学习的范例性教材。教科书的本质是在特定目标下为特定的教师和学生编制的，所以教科书对教师来说是一道桥梁、一个把手或一个支架，为教学提供思路、途径、范例和教学资源等多种形式的支撑，是教师大胆进行教学创新的方向。对学生来说，教科书是一个窗口，为学生的学习和探究提供课题、方法和解决问题的思路。因此教科书不是我们的本本，不是学习知识的全部载体，也不是学习的最终目标，它只是一种资源、一个手段或者说是一种工具。作为品德与生活课教师，把教科书作为最重要的资源才能使我们的教学具有有效性。

第四章
“整体构建创设情境——细节增效”教学模式的思考与实施策略

引言：为什么教学活动设计和情境创设要整体构建教学框架？

教学设计的目的是整体优化教学结构，这就需要教师构建一个合理的教学框架，从而使教学活动系统有序。

教学设计是指为达到预期的教学目标，运用系统论的观点和方法，对教学活动进行规划的过程。这个过程主要包括：调查分析教学中的问题和需求，确定教学的方法、策略和步骤，选择教学媒体和资源以及分析和评价教学效果等。在教学设计中，最为关注的两个要素是教什么和怎么教。教师教什么、怎么教，与学生学什么、怎么学密切相关。新课程背景下的教学改革倡导的教学设计更为关注在教师怎么教的过程中学生怎么学，它与传统的备课相比，存在着本质的不同，主要体现在以下几个方面：

1. 教学思想不同

备课以教师为中心，以教代学，强调教的设计；教学设计以学生为中心，以学论教，强调学的设计。

2. 立足点不同

备课基于对教材知识点的传授，教案就是教学实施的脚本，主要的作用是梳理教师授课思路，体现教师的教。教学设计立足于学生的实际需要，着眼于学生的全面发展，对教学内容进行深度思考，教学设计到实施中有着一定的空间，可以根据学生的学习反馈情况随时进行弹性调整。

3. 认识层次不同

备课以教师教学经验为依据，多是教师一些相对主观的感性的认识。教学设计以科学的教育理论为指导，在分析具体教学需要的基础上设计。优秀的教学设计中，教师的理性认识多于感性认识。

4. 达成目的不同

备课相当于课前的教学准备，它的内容是预设的、静态的；课堂教学强调教案的忠实执行。教学设计的主体工作需要在课前完成，但需要在教学过程中不断调整，是一个动态的发展过程，教学设计贯穿于课前、课中乃至课后。

既然教学设计体现的是教师对教学研究思路的过程，这个过程就带有一定的计划性。尽管随着课程改革的推进，教师们对于教学设计与备课的区别有了越来越清晰的认识，但在教学设计的过程中依然存在着计划性弱、随意性强等问题，如对于教材的分析和理解不到位，对于学生情况的分析不准确，对于教学过程的流程缺层次，对于教学活动的设计缺思考等。还有些教师的设计表面上看格式很规范，细细阅读明显感觉是拼凑出来的，看不出计划性。教学设计的计划性弱或者无计划性，直接导致了课堂教学的无序，进而造成课堂教学的低效或者无效。从本质上说，教学是一个决策的过程。因而应该站在整体的视角下，全面思考，整体构建教学框架，合理安排，系统布局，逻辑清楚，重点突出。在这样的前提下，再进行具体的教学设计活动，创设情境，为有效达成教学目标设计合理的教学蓝图，为突出教学细节的有效性搭建平台。让我们从撰写一个有效的教学设计开始吧！

一、基于学生学习需要的教学设计

（一）为什么在教学过程中要有一个教学的主要思路和整体教学框架？

一座高楼大厦拔地而起，需要建筑设计师有先期的构思，然后将自己的构思落在图纸上，再由建筑工人按照图纸进行施工。没有这些先期的准备，这座楼是建造不出来的，即使建成了，也是一座“烂尾楼”，住在这样的房子里会让人心惊肉跳，自然谈不上安全感。

这个事例演绎到我们的教学，同样也是适用的。教师的教学需要有序，教师的教学设计也需要有序。教师教学的主要思路和整体框架就像建筑师构思大楼的结构、设计建筑图纸一样重要；课堂教学的实施，就像工人们依据图纸在井井有条建造楼房的过程。我们要把一堂课当作建造高楼一样看待，摒弃教学设计的无计划性。

教学设计的整体思路体现的是教师在设计教学过程中方方面面的思考，既包括设计此课的理论依据方面的宏观思考，也包括理解教材、研究学生等方面的具体内容，同时还有教学策略、教学手段的选择等，有了这些内容的整体思考，用语言或文字将自己的想法准确地表达出来，就形成了教学设计的主要思路。有了教学设计的主要思路，我们就可以依据这个思路，搭建一个课堂教学的框架。从微观上理解，我们也可以认为教学框架主要指向的是课堂教学过程的整个流程。

教师在主要思路和整体教学框架的设计过程中，特别需要关注学生、设计、教材三者之间的关系。三者之间互相联系、互相制约。也就是说，在写好教学设计的过程中，关注学生和教材非常重要，教学设计成为两者之间联系的一条纽带。每一堂课的教学，我们面对的是不同的学生（即使是同一个班级的学生，他们的思维也在不断发生变化），不同的教材内容，这就需要我们厘清教材内容与学生生活之间的关联，准确定位教学目标，找出最为有效的基本教学模式，选择最为恰当的教学方式和教学手段。这样的教学设计才是真正做到了有序，这样的课堂也才真正可以做到有效。

在这个主要思路和整体框架的构建过程中，需要我们着重思考以下三个问题：

一是，教学是否符合课程标准的要求？是否符合新课程的理念？

二是，教学是否给学生留有空间？是否真正关注到学生的学习活动？

三是，怎么能找到和学生可以共同交流、共同感受、共同思考的兴趣点，让教学更有层次、更有深度？

我们期待教师在教学设计过程中对教学思路的深度思考能力和构建整体框架能力的不断提升，建起每个人心中的高楼大厦。

案例指引一：重阳节

1. 教师出示动画：说说重阳节是怎么来的？

2. 关于重阳节你还了解哪些知识，请你向大家做介绍。

3. 重阳节有哪些活动？

4. 重阳节你是怎样做到尊老敬老的？

▲你从这个教学案例中发现了什么？

【理性思考】

在这个案例中我们看到，教师看似在紧紧围绕重阳节设计教学，但是缺乏几个活动之间的内在的关联。四个问题看似清晰，但每一个问题的意图是什么，教师并不清楚。如果四个问题指向的是不同的知识点，这样的教学岂不显得很凌乱，如果四个问题指向的是同一个目的，四个问题的核心又是什么？这样的课堂，除了给学生一些重阳节的零散的片段和记忆，学生还感受到了什么呢？这样的活动设计意义和价值又是什么？很显然，教师对这节课的定位不准确、对活动之间的内在逻辑不清楚。出现这个问题的根本原因就在于教师没有把握好整体的教学思路，没有构建好教学的整体框架。

一份规范的教学设计从体例上看，指导思想、背景分析、教学目标、教学过程、教学评价等各个方面是独立的。教学中，有的时候我们也会看到，各个教学活动从表面上看是独立的，实际上不论是一份完整的教学设计还是一个主题活动，内在之间都是互相联系的，学生的循序渐进的学习也是在这个过程中实现的。这是我们在教学中所倡导的，而不是像上述的案例中每个问题的独立呈现。教师的教学设计的框架不但要考虑如何设计每一个教学活动，还要考虑每一个活动如何充分为下一个活动的开展做好准备，如何成为下一个活动的生长点。如果考虑不周，系列教学活动的顺利开展会受到阻碍，教学目标的达成会受到制约，这样的教学只能变成一种唯知识论的教学，课堂呈现的仅仅是学生对教师问题的敷衍塞责，这样不能调动学生学习的积极性，自然也就谈不到促进学生的社会性发展了。

此案例启示我们：教学思路和框架的构建要建立在对课程本质的认识和理解基

础上。本课程对学生的教育将情感态度价值观放在首位，本课程视儿童的生活为宝贵的课程资源，超越单一的书本知识的传递和接受，以活动为教和学的基本形式。很显然，此教学设计过分关注知识的教学，并且脱离了学生的生活。此教学设计的调整应该从目标入手，以尊老敬老、热爱祖国的传统文化为核心，这应是本课教学的一个整体思路。教学中可以将重阳节的相关知识融入其中，设计一些趣味活动，引导学生学习。如教师可以设计在日历中找一找重阳节，猜一猜图片中呈现的是重阳节的哪些活动等。这些应该是整体思路在教学框架中的一些具体落实。

由此可见，教师对学科本质的理解和驾驭课堂的能力水平体现在课堂教学设计与实施的每个环节中，直接影响着学生的学习体验、认知过程、情感发展和学习成效。要想提高小学品德与生活课程的整体质量，仅仅从书面的文字上认识新课程的理念是不够的。教师要通过不断改进课堂教学各环节，优化教学结构，使教学思路更清晰，整体构建教学框架更合理，进而实现提高整个教学的有效性。

【建议提示】

1. 基于学科本质设计教学思路和构建整体框架

基于教学本质的教学思路和整体框架的构建，不仅是教师对学科思想认识的集中体现，也是对课程认识的升华。

2. 关注整体思路和框架之间的关联和衔接

整体思路和框架之间的关联和衔接，可以让教师从宏观和微观的角度去认识课程，这种认识是必要的，也是必需的。

3. 建构合理的教学模式

建构一个合理的教学模式，如“整体构建创设情境——细节增效”教学模式，可以系统规划教学程序、建设教学思路、设计教学方式和教学活动与情境，从而规范教学过程，使教学实施具有计划性和规范性，为有效教学奠定基础。

（二）为什么要研究课程标准和教学内容？

古人云：磨刀不误砍柴工。研读课程标准的过程，是一个磨刀的过程。可能很多老师会觉得这个过程既枯燥，又艰辛，没有成就感。特别是课程标准中课程性质、特征和基本理念、课程目标等，都是一些空洞的大道理，不如研究一节课来得更便捷、更实在、更有成就感。实则不然。《品德与生活课程标准》指出：“本标准中关于课程性质、特征和基本理念的部分，集中体现了本课程的指导思想和核心价值，是课程的灵魂所在。在教学中深刻地理解课程的本质，是实施课程的根本，也是保证课程质量的最重要、最基本的条件。”缺少了这个“磨”的过程，教学设计的过程会举步维艰。至于课程标准中实施建议的部分，则对教师教学提出了更加明确具体的要求，更有利于教师理解把握，有利于教师针对性的实施教学。

从国家课程改革的层面来说，课程标准是国家课程的纲领性文件，是国家对基础教育课程的基本规范和质量要求，是编写教材、实施和评估教学的基本依据。从教师专业发展的角度来说，学习和研究课程标准，是广大教师课程意识、课改意识增强的体现。

国家课程改革和教师专业发展共同的指向则是课堂教学，课堂教学的先期准备是教学设计。从教学设计的角度出发，教师必须要很好的研究课程标准，该怎样归因呢？我们可以主要从以下几个方面考虑：

第一，课程标准是教学指导思想的方向。

第二，课程标准是确定教学目标的核心。

第三，课程标准是选择教学方式的依据。

第四，课程标准是教学评价实施的参考。

从上述几个方面我们可以看出，课程标准的作用在整个教学设计的过程中无可替代，而教学指导思想、教学目标、教学方式等要素最终都是要通过课堂教学来呈现的。因此，教学内容的选择显得尤为重要，教学内容的选择最终要能体现教学设计的相关内容，在课程标准的引领下实现课堂教学的价值。

那么，从教学内容的角度，我们又该怎样理解课程标准呢？可以从以下几方面考虑：

1. 教学内容的选取真正做到生活化

《品德与生活课程标准》指出："教学内容选择源于儿童生活。关注儿童的实际生活，关注儿童的兴趣和需要，关注儿童成长中的困惑与问题，从中捕捉有教育价值的课题作为教学内容或课程的生长点，提高教学的针对性。"

教材仅仅是教学内容的一部分，教学既要依托教材，又不拘泥于教材，要与学生的生活相结合。儿童的生活是丰富多彩的，研究儿童的生活，在课堂中利用儿童的生活，解决儿童生活中真实存在的问题，教学内容的选取会变得丰富而有意义。

品德与生活课程是以儿童逐步扩展的生活经验为基础的，它符合儿童自身的需要。课堂教学过程是能满足这种需要的学习，又是与儿童的心理结构、生活历程相匹配的学习。这样的学习才能激发起儿童的生命活动；才能使儿童感觉学习的需要和兴趣，产生出学习的自觉性和积极性；才能从自身生活的直观性、本真性中去体验生活、理解生活；才能将学习的结果转化为自己的生活经验和智慧，并将不断改造和推进的经验建构成自己真正的生命活动和自己的生活。

2. 教学内容的选取真正做到促进学生的发展

《品德与生活课程标准》指出："只有源于儿童实际生活和真实道德冲突的教育活动才能引发他们内心的而非表面的道德情感、真实的而非虚假的道德认知和道德行为。良好品德的培养必须在儿童的生活中进行。"

教学是否真正做到促进学生的发展，不在于课堂表面的热闹，而是取决于教师是否真正把握了课程标准的要求，是否真正做到了根据课程标准的要求。基于学生的生活，恰当选取适合儿童发展的教学内容，会促进学生的全面发展。

如果我们把课程标准比作一棵大树，教学内容就是这棵大树上的每一片绿叶，绿叶从大树上汲取营养，每一片树叶都是那么独具特色。同时绿叶也在点缀大树，让整棵树变得枝繁叶茂。试想，没有大树提供的营养，树叶不会变得那么翠绿可爱，而没有每一片树叶的点缀，光秃秃的大树同样也很难看。

案例指引二：心中有他人

师：课前我对你们的班主任李老师进行了采访，知道我们班有很多同学在“心中有他人”方面做得特别好，我们来听听李老师是怎么说的。(课件播放采访班主任的视频)

师(模拟记者采访)：××同学，你在上课前主动把没推开的半边黑板推开，你是怎么想的啊?

生1：我想让大家看清楚。

师：他心里想的是能让其他同学看得更清楚，他想的是大家。非常好！刚才班主任还提到了谁？你是怎么想的?

生2：我看到××同学总是愁眉苦脸，我觉得他需要帮助。

师：她的眼睛里看到了别人需要帮助，于是就去帮助别人。真棒!

师：在学校当中，我们彼此能为对方着想，大家一定会过得非常愉快。咱们班还有很多这样心中有他人的例子，谁能就在现场夸一夸我们班的同学。

生3：××同学为大家带湿纸巾。

师：你真是一个心中有他人的同学。

……

▲你从这个案例中，感悟到什么?

【理性思考】

《品德与生活课程标准》指出：“本课程面向儿童的整个生活世界。教学目标随着儿童生活及活动过程的变化和需要不断调整；教学内容从教科书扩展到儿童生活的各个方面。”只有贴近学生的生活，以学生的生活和经验为起点，筛选出符合儿童需要的教学内容，才能激活我们的品德课堂。在《心中有他人》这节课的教学中，教师做到了教学内容源于生活，在教学中有意识地引导儿童利用已有的经验，回顾经历过的身边“心中有他人”的人和事，并进行分析提升，使学生在不知不觉中感受到生活中自己与他人同在，不能只顾自己。积极主动地为他人着想是一种美德，要多为别人着想，身边的人才会感觉很快乐、很幸福。

品德与生活课程的“情感与态度”目标是品德与生活课程目标的重要组成部分，这一目标旨在丰富儿童内心的体验和心灵世界，引导儿童形成科学向上的、积极的生活态度。本课教学中教师不是单纯地展示生活场景，不是只停留在学生已有的经验上，而是进一步激发学生的认知冲突。虽然学生平时在教师讲课前把黑板拉开的这一举动司空见惯，很多同学都曾做过，他自己可能都没想到这是心中有他人的表现，但是教师帮助学生提升认识，感悟这就是“心中有他人”的表现，使学生感受到心中有他人并不难，只要我们眼里有别人，我们每个人都可以做到。由于学生介绍的事例都在学生身边，看得见，摸得着，真实可信，因此鲜活的事例深深打动了孩子们。教师无须多说，学生自然而然地愿意在今后的生活中主动地为他人着想。上面案例中呈现的内容是基于学生生活的进一步拓展，教师抓住了学生生活中最为典型的事例，并捕捉到了更具教育价值的教学内容，成为课堂教学的又一个亮点。

品德与生活课程作为一门综合课程，为小学生开辟了一条通向他们生活的渠道，使他们在生活的内在联系中获得整体的发展。基于课程标准的要求，教师在教学中需要做到从学生的生活经验出发，丰富教学内容，激发学生内心的情感。儿童的认识是通过其在生活及活动中的直接体验、思考、积累而逐步建构起来的；儿童的发展是其怀着对生活的热爱，通过参与丰富多彩的生活实践，与外部环境积极互动而逐步实现的。课程必须根植于儿童的生活才会对儿童有意义，教学必须与儿童的生活世界相联系才能真正促进儿童的成长。

【建议提示】

1. 认真研究课程标准，找到课程标准与教学内容的契合点

教学内容是课程标准的具体体现，找到课程标准与教学内容的契合点，是准确定位教学目标的前提和基础。

2. 准确选取教学内容，在课堂实施中有效落实

有效教学的落实以课程标准为依托，以课堂教学为主阵地，课堂教学的实效源于教学内容的准确选取。

(三)为什么要研究学生和教学方式?

心理学研究表明，学生如果把自己看成是“主宰”，就会对自己的学习态度、学习状况、学习效果承担责任，反之，学生就会被动地应付差事。只有学生把自己当作学习的主人，才会积极主动地参与到教学活动中，自始至终处于积极的思维状态。

新课程体现“以学生为本，提出了教学要面向学生、关注学生、适应学生学习”的要求。教学设计理论主张“为学习设计教学”，强调任何教学活动都要以满足学生的学习需要为出发点和落脚点。学生研究是教学和教学设计的根，分析学生是进行教学设计的逻辑起点，是完成教学任务的基本前提。如果不去研究学生，不了解学生的情况和他们的要求，那么教学设计就必然带有一定的主观随意性，这样的教学设计应用到课堂上，其结果势必造成课堂教学的低效或者无效。因此，教师要真正弄清楚“学生学习的起点在哪里”“学生学习的难点在哪里”“学生又是怎样学习的”。

研究学生需要注意的是：即使是学生生活最为典型的题材，也并非只去解决特殊问题，而是透过这个问题，指导儿童自己来觉察或者是发现其中的道德价值，进而领悟这种价值。也就是说，学生参与学习活动的情况是学生主体作用发挥的标志。学生参与学习活动越广泛，越有深度，其主体作用发挥得就越充分。

实践证明，如果说研究学生对教师设计教学具有重要意义，那么研究教学方式则对学生的学习能力、思维发展、认知趋向等起着至关重要的作用。研究学生和研究教学方式两者并不矛盾，研究学生可以让教师在教学中更为准确的选择恰当的教学方式，实现学习方式的多样化，可以使学生更好的广泛参与。

在新一轮基础教育课程改革中，“转变学生的学习方式”就是要转变目前强调接受学习、死记硬背、机械训练的现状，提倡和发展多样化的学习方式。从时代和发展的角度，学习方式可以划分为传统教学方式和现代教学方式两大类。传统教学方式使学生的学习具有被动性，新的教学方式最为主要的特征是课堂能够充分发挥学生的主体意识，学生真正成为学习的主人。

虽然我们在一直进行课程改革，但是课堂教学中传统的教学方式依然存在，教师依然在操纵课堂。如讲授法依然是常用的一种教学方式，在小学品德与生活的课程中很多老师依然还在用。一项研究表明，教师普遍采用的讲授法，占到了整个教学方式的95%，与之相对应的则是学生对所记住内容的平均率仅有5%。由此可见，不同的教学方式产生的教学效率大不相同。教师教学方式的陈旧，会导致“转变学生学习方式”成为一句空话，影响教学的有效性。

新的教学方式倡导学生主动参与、乐于探究、勤于动手，培养学生搜集和处理信息的能力、获取新知识的能力、分析和解决问题的能力以及交流与合作的能力。诚然，传统的讲授教学方式的确存在一些弊病，但是我们并不否认这种教学方式的存在，如有些教学内容比较适合这种方式，我们需要的是将这种方式在新课程背景下赋予新的认识，能够让这种传统的教学方式在这场“学习方式的变革”中焕发新的生命力。

基于学生研究的学习基础，基于学生研究的教学方式的选择，我们需要多问自己几个为什么：这样的设计学生喜欢吗？这样的教学方式学生喜欢吗？学生能从中收获什么？是知识的了解，是学习能力的提高，还是积极的情感态度价值观的形成？

在研究学生的过程中，发现了学生的真问题，教师要调整教学方式，引导学生解决自己的真问题，这是有效教学的追求。

案例指引三：看我多精神

师：你们知道我们在走路的时候要注意哪些问题吗？

生：应该挺胸、摆臂。

生：不能低头，低头会撞人。

生：好好走，不能跑。

师：你们说得都很好。你们会走路吗？

生：会。

师：哪些同学愿意到前面来展示一下？比比谁走路最精神。

几个同学到前面表演：有的正步走，有的踏步走，有的挺胸摆臂……

师：他们表演得都很好，希望你们像他们一样，在日常生活中学会正确的走路姿势。

……

▲从这个教学案例中，你发现了什么？

【理性思考】

此案例中，教师研究学生不到位，理解有偏颇。课程标准要求教学要充分利用儿童已有的生活经验，但不是对儿童生活的完全照搬，而是要帮助他们丰富和提升。从学生的回答中可以看出，在走路过程中需要注意的有些问题学生是知道的，如果是学生知道的内容，在课堂教学中就没有必要刻意再去强调，对于学生不知道或者不太清楚的地方要重点强调。显然，教师并不清楚学生的认知起点在哪里，造成了学生在课堂上的泛泛而谈。本设计解决的问题不仅在于让学生知道走路的注意事项，而更应该让学生在学习过程中认识到如何走才精神，精神的走路与我们的生活有什么关系等。这类问题教师在教学中基本没有考虑，只有知其然，缺乏知其所以然的过程，不能激发孩子的情感，对学生的践行也会产生影响，最后导致的结果是上课“学会”了好好走路，下课该怎么走还怎么走。

我们再来看这位教师选取的教学方式，在处理走路要注意问题的环节时采用了一种问答的方式，显然与课程标准提出的“以活动为教与学的基本形式，儿童获取知识的主要途径是通过活动主动地进行建构”相聚甚远。这位教师设计了让学生展示表演的环节，采用的是“活动化教学”，符合新课程的理念，但是这一环节缺少教师针对性的对活动的指导与点拨，从而导致了活动走过场。我们不仅要基于学生研究的基础，选择适合学生的教学方式，更应当关注教学方式在教学应用中的实效。

日常教学中还存在着这样一种现象，很多教师知道应该重视研究学生，也知道应该在新课程的理念下改变传统的教学方式，但落实到教学中往往做不到。透过这个案例，我们还可以看到，教师做不到的真正原因，不仅仅是对学科本质的理解不到位，潜意识里“教师主宰和统治课堂”的观念依然存在，教师在支配儿童活动，没有关注学生想不想做，他们到底想做什么，而且缺乏在新课程理念下的调整学生教学方式的一种深度思考，让我们的课堂显得华而不实。由此可见，教学方式的选择不能流于形式，要让学生真正参与进来，这种观念老师亟待提高。

通过上述分析，我们可以看出：只有真正走进学生，了解学生，真正把学生看作课堂的主体，真正践行新的课程理念，才能确定其在认知、情感、能力维度中的最近发展区，从而确立教学目标，确定教学的重点、难点，确定恰当、合理的教学方式。没有基于学生的研究，没有基于学生生活的教学方式的选择，任何的学习活动都很难达到教学的实效。课程标准为我们提供了多种学习方式：通过观察、调查、讨论、参观、访问、制作、种植、饲养、交流等多种学习方式进行学习，与环境互动，与同伴合作，来获得对自然与社会的亲身体验和感受，获得丰富的知识或经验，获得创造性和实践性的能力。我们需要将这些学习方式与探究式、体验式、小组合作式等教学方式有机融合，激发学生主动参与、自主学习的积极性。在这方面，我们的研究还很不深入，需要在教学中不断完善并加以落实。

对于这个案例，教师在课后对学生进行了深入的研究，调整了教学。主要环节如下：

1. 课前拍摄学生上操、上体育课中走路的照片，让学生看着照片来谈如何走路叫精神，而不是直接让学生说如何走路叫精神。

2. 让学生找出照片中谁最精神，请他来给大家做示范，其他同学站起来学一学，同桌两个同学互相欣赏，有走路不精神的，同桌帮他改一改。

3. 让照片中走路不精神的同学为大家展示一下现在自己的走路姿势，看看自己的进步，说说怎么走就能精神了。

4. 说一说，走路精神给人什么感觉？

通过以上活动的设计，学生从“看→学→改→说”中，深切体验到什么才叫走路精神以及这种良好的精神状态与人们的生活紧密相关。教师在教学设计的过程当中，恰到好处的把握了研究学生和教学方式两者之间的关系，发挥研究学生和研究教学方式两者之间结合的教学效益最大化。

研究学生和研究教学方式两者之间并不矛盾，并且存在着本质的必然联系。我们面对的每一个学生，都应被我们视为一块“宝藏”，在你关注了学生的时候，你才会体验到与学生共同成长的快乐。我们都应该用心开发、创造这块“宝藏”，开发这块“宝藏”的过程就是教学方式转变的过程。

【建议提示】

1. 根据学生实际情况，选取适宜的教学方式，针对教学中突发的生成性问题，要灵活运用，适度调整

教学必须要充分发挥学生的主观能动性，通过采用恰当的方法，引导学生学会学习，让学生自主发展，这就需要教师具备敏锐的课堂生成意识和灵活调整教学方式的能力。

2. 通过多种教学方式，广泛而深刻地影响学生的生活，不断深化学生的经验和体验

新一轮课程改革从课程内容的角度确立了品德与生活课程与学生生活的联系。多种教学方式可以极大地激发学生的学习兴趣，更好地让课程与学生的生活实现对接，提升学生的生活经验和认识水平。

3. 基于学情，整体构建教学内容与教学方法，促进教学的有效性

整体构建教学方式是建立在关注学生的发展及教学有效性基础上的，从内在关系上形成一个更加紧密的整体设计，在此基础上进行教学时要注意教学细节的捕捉和指引，从而增强教学的有效性。

二、教学活动情境的有效创设与活动指导

(一)为什么创设教学情境很重要？

说到教学情境，我们都不会陌生。作为品德与生活课教师，面对天真可爱的低年级学生，会经常创设教学情境来帮助学生体验、感悟蕴含在其中的道德观点，获得初步判断是非的能力。课堂教学中的哪些活动是情境创设呢？教学情境是什么？那么，我们先来看一个教学片段：

案例指引四：秋天到了

活动一：教师带学生到户外去观察、发现秋天的变化，拍照片，收集落叶。

活动二：学生针对自己观察到的秋天的变化进行交流。

活动三：教师将学生拍的秋天的照片、绘画和大自然的秋天景象制成视频资料，引导学生欣赏、观察、思考。

教师提问：通过同学们自己观察，以及老师播放的这些大自然的景象，你们发现，秋天都有什么特点？

学生反馈：将自己观察到的、看到的视频图像对秋天的特点进行描述谈感受。教师则将学生所说特点的画面定格，启发全体学生再深入思考，找特点。

这个教学片段里，教师创设了一个什么情境？激发了学生的哪些情感？应该说这位教师很了解一年级学生的认知及年龄特点，先带领学生走出去观察身边的“秋天景象”，再通过创设低年级喜闻乐见的多媒体直观教学情境，给予学生一些自然界中富有秋天特点的音像资料，使学生对秋天的感受和理解更为宽泛与真实。像类似这样的教学情境可以说在品德与生活课堂教学中经常被教师们应用，就是通过创设情境，使学生的经验得以丰富，对社会生活有更广、更深的认识，提高他们的辨别力和判断力。通过创设情境让学生接触、观察、体验他们未曾经历、未曾听说的社会现象、社会事物。

那么，教学情境是什么？

教学情境是指在课堂教学中，根据教学的内容，为落实教学目标所设定的，适合学习主体并作用于学习主体，产生一定情感反应，能够使其主动、积极地建构性学习的教学环境。

品德与生活课程，是活动型的综合课程，它以儿童的生活为基础，从儿童现实

生活需要出发，选择教学主题，组织教学内容。这样的课程不仅通过认知的教学，让学生获得理性的满足，更注重通过情感、心情的充盈让孩子获得感性的体验。

为此，教师们在课程实施中探索出了一套行之有效的教学方法。

品德与生活教材，图文并茂，直观性强，符合低年级学生的年龄特点、心理及思维特点。学生看到插图就特别喜欢，表现出很浓厚的兴趣。而教师借助教材，发挥图片的作用，让学生在直观可视的情境下，观看、聆听、议论、思考、理解，将图片所蕴含的内容纳入自己的知识结构，指导自己的行为，从而达到事半功倍的教育效果。

不仅如此，教师依据教学内容，用有声有色、富有情感的语言描绘，把学生带到特定的环境中去，使他们在课堂上强烈地感受生活的具象与真实，激发深入的思考和积极的情感。

还有的教师讲关于少数民族的教学内容，借助了音乐的特点与作用。如选用少数民族特有节奏的乐曲、特有的乐器演奏等，将各地人物、文化、环境、风俗等内容串联起来，使学生形象地了解不同民族的生活习惯、风土人情，懂得要理解和尊重不同民族的风俗文化。同时，教师还以电视短片来调动学生的学习感官。那么，通过不同载体，就将学生融进所学内容，将枯燥的讲解、要求、观点浸润在情境学习中。

这样的事例在品德与生活课中比较多，我们可以看出这些新的教学方法都离不开教学情境的创设。它可以综合利用多种教学手段，通过一些外显的教学活动形式来营造一种学习氛围，其目的就是使学生形成良好的求知心理，参与对所学知识的探索、发现和认识过程。创设好的教学情境已经成为新课程课堂教学成功的重要因素。

品德与生活课程以人为本、回归生活、注重发展的教育理念，大大丰富了情境的内涵。加之品德与生活学科面对的都是一二年级的小学生，课堂教学不但要讲知识，渗透道德观点、正确的态度和情感价值观，更要将这些内化在学生心中，在他们的实际生活中得以呈现，更好地帮助学生快乐的生活、与人交往。所以，学生学习什么知识，都要透过语言文字、符号图表把它们所代表的实际事物想清楚，而教学情境就是以直观方式再现书本知识所表征的实际事物或者实际事物的相关背景。特别是在小学阶段，学生形象思维占优势，它体现了教学过程中学生认识规律的一个重要方面：直观可以使抽象的知识具体化、形象化，有助于学生感性认识的形成，并促进理性认识的发展。

因此，良好的教学情境能充分调动学生学习的主动性和积极性，启发学生思维、开发学生智力，是品德与生活课教师实现教学有效性的有利途径。

案例指引五：和动物做朋友

环节一：谈话引入课题，引导学生体会动物的多样性

1. 师生一起做动作猜动物。

2. 播放视频：学生熟悉和不熟悉的一些动物录像。

3. 思考：这些动物朋友给你留下什么新印象？

4. 小结：自然界中的动物多种多样。

环节二：引导学生体会人与动物之间的朋友关系

1. 小组交流：学生把自己身边的动物朋友介绍给大家。

2. 班级分享：学生和动物相处的有意思或感人的事情。

3. 播放《小燕子的故事》，思考问题：小燕子明年春天还愿意来她家住吗？为什么？

4. 师生交流谈感悟：动物和我们人类共同生活在地球上，同呼吸，共生存。

环节三：引导学生体会和动物友好相处的重要性

1. 欣赏：人与动物和谐相处的画面。

2. 提问：给你带来什么样的感觉？（温馨、充满爱……）

3. 呈现不和谐的画面。（视频：捕杀、乱杀、伤害动物）

4. 提问：看到这些画面，你想说什么？

5. 你在生活中见到过类似的场面吗？（学生讲述）

6. 过渡提问：老师还想考考你们，这些动物你们认识吗？（依次呈现恐龙等灭绝动物，画面一片空白，只出现动物名称。顿时，所有学生激动起来，许多同学大声说："没有！"甚至有些同学站起来，着急地指着画面对老师说："怎么没有呀？"）

7. 为什么没有？此时此刻，你的心情如何？（学生发自内心，说出了很多自己的感想）

案例指引六：我的牙齿

活动一：创设情境，明白换牙的常识

1. 谈话：老师为大家照了一些相片，你们想看吗？下面我们一起来仔细地欣赏。看看你能发现什么？（播放学生的照片）

2. 提问：大家笑得都很甜，你发现了什么？

3. 过渡提问：这是因为你们正在换牙，为什么要换牙呢？下面我们来看一段小动画，大家可要认真观看，一会儿把你学到的知识讲给大家听。

4. 观看动画课件——换牙常识。

5. 提问：谁来说说你都知道了什么？

活动二：请你来当"小牙医"，初步感知牙齿的重要

1. 提问：牙齿都能帮助我们做哪些事呢？

2. 学生汇报牙齿的作用。

3. 小结：我们的牙齿有咀嚼食物、辅助发音、保持面容的作用。

4. 谈话：现在我们的牙齿是什么样的呢？就请你做个“小牙医”，仔细地按顺序检查一下同桌的牙齿，看看他们的牙齿整齐吗？牙面上有没有小黑点？换了几颗牙？然后填写表格。

牙齿整齐		牙面上有黑点		换了几颗牙
整齐	不整齐	有	没有	

5. 学生检查并汇报观察的结果。

6. 提问：你还有什么新的发现？

7. 小结：“小牙医”发现同学们的牙齿出现了问题，有的牙排列不整齐，有的牙面上有小黑点。我来告诉你们，你们的小牙生病了。现在老师就做个“记者”，采访一下得了牙病的同学。

8. 采访有牙病的学生，学生初步体会得了牙病的痛苦。

9. 实验——学生品尝食物，然后照镜子观察自己的牙齿。

10．提问：你的牙齿上多了什么？吃过东西后，牙齿上多多少少都会留下食物的残渣，现在怎样才能立即清除这些残渣呢？

11. 学生活动：漱口。

12. 提问：看看漱口水里都是什么？

13. 观察被醋泡过的鸡蛋：你发现了什么？

14. 动画演示——龋齿形成的原因、龋齿的危害。

15. 除了龋齿会严重地伤害我们的牙齿、影响身体健康和美观外，还有一些不良的用牙习惯也会伤害我们的牙齿，大家看，这些做法对牙齿会有什么伤害呢？(课件演示——不良的用牙习惯)

活动三：行动起来，保护我们的小牙

1. 提问：你有什么保护牙齿的好方法？

2. 学生交流汇报。

3. 教师边强调保护牙齿的方法边板书。

4. 学习刷牙的方法。(学生到前面来给大家示范，学生自己练习，同桌互相检查)

5. 教师补充保护牙齿的方法：课件演示——兔子牙医的环球旅行。

6. 提问：你又学到了哪些保护牙齿的方法？

活动四：总结

最后让我们用一首小儿歌(课件演示——保护牙齿小儿歌)结束今天的学习。老师也祝愿大家拥有洁白的牙齿、健康的身体，时时绽放出甜蜜的微笑！

案例指引七：过传统节日——端午节

活动一：从生活体验引入，知道端午节的日期

1. 出示粽子图片。

2. 提问：这是什么？你品尝过什么口味的？

3. 提问：端午节是哪一天？你能在日历上找到吗？

4. 学生在日历上寻找。追问：你是怎么找出来的？

5. 引发思考：是不是每年的端午节都是5月28日呢？

（资料：农历是我国一种传统历法，也叫旧历或阴历。是我国传统记录日期的方法。根据月球绕地球周期而制定的，便于农业耕种）

活动二：呈现故事，初步了解端午节的活动和来历

1. 提问：在端午节那天，我国人民会以什么样的方式来庆祝这个节日呢？

根据学生的回答安排下面的顺序：

(1)吃粽子。

①提问：你知道粽子的制作过程吗？

②学生看视频资料。

③师生共同小结：小小的粽子已经成为中国传统节日——端午节的象征了，它在人们心中占据着一定的位置。

(2)赛龙舟。

①播放民俗赛龙舟的视频。

②思考：飞溅的浪花、飞舞的龙旗、飞驰的龙舟，震耳欲聋的锣鼓声、呐喊声，与两岸欢乐的人群在一起。你有什么感受和想法？

③小结：1980年，赛龙舟被列为中国国家体育比赛项目。每年都要举行龙舟赛。赛龙舟不仅是我国民间一种传统水上体育娱乐活动，更体现了人们团结向上、力争上游的奋斗精神。

2. 思考：我们为什么要在端午节这天吃粽子、赛龙舟呢？（播放视频：屈原沉江）

（补充资料：屈原是一个进步的政治家，为了实现自己的政治理想坚持斗争，以死抗争；是一个卓越的爱国者，对楚国怀有极真挚的感情。他终身目标是使楚国强盛起来，进而统一中国。他是一个伟大的文学家、诗人，一生写了许多诗，表明了自己的心情）

3. 过渡小结：广大劳动人民对屈原非常地热爱与怀念。所以，除了吃粽子、赛龙舟传统节目外，我国还流传下来一些风俗习惯。老师给同学们介绍一下：

（出示香包、挂菖蒲和插艾叶的图片）

4. 讲解：插艾叶挂菖蒲。民谚说：“清明插柳，端午插艾”。在端午节，人们把插艾叶和挂菖蒲作为重要内容之一。家家都洒扫庭除，以菖蒲、艾条插于门楣，悬于堂中，用以驱蚊虫。

佩香包：现在多用于点缀装饰。在过去，甚至现在有些地方还在讲究，老人给小孩佩戴香囊，寓意避邪驱瘟。

5. 小结：端午节是我国两千多年的习俗，也是自古相传的“卫生节”，人们在这一天洒扫庭院，挂艾枝，悬菖蒲，洒雄黄水等杀菌防病。这些活动也反映了中华民族的优良传统，是我国人民共同的习俗。

活动三：参与活动，总结提升

1. 颂童谣

五月五，是端午。门插艾，香满堂。

带香包，吃粽子。龙舟下水喜洋洋。

2. 总结：端午节是我国一个重要的传统节日，是我们中华民族悠久的历史文化的一个组成部分。端午节凝聚了深厚的中华文化底蕴，是我们宝贵的文化遗产。

3. 作业：把端午节的来历讲给爸爸妈妈、邻居小朋友听。

▲你从这几个教学案例中发现了什么？

【理性思考】

从上面的案例中，我们可以强烈地感受到情境创设在每一节课中的运用，不论是课的开头、中间或是结尾，情境的创设可以在一节课中的任何时段。而且这三位教师都运用了借助实物和图像来创设教学情境。

教学中的实物主要指实物、模型、标本以及实验、参观等。而图像是一种直观的工具，它包括板书、画图、挂图、幻灯、录像、电影、电脑等电化教学手段。

如《和动物做朋友》一课，教师给了学生大量的动物视频与图片，使学生在观看的过程中了解大自然中的稀有动物，感受动物与自然、动物与人类以及人类、动物与自然的美妙关系；《我的牙齿》一课中，教师为了让学生了解什么是龋齿，不仅播放了动画片，还积极创设“吃完东西后的漱口水的比较”“观察被醋泡过的鸡蛋”等实验情境，与学生一起来探究牙病形成的原因，让学生进行自主体验和探究，从而真切地感受到为保持口腔和牙齿的干净，为避免蛀牙，一定要及时漱口，真正认识到养成习惯的重要性。而《过传统节日——端午节》一课，教师借助视频，使学生直观感受到了制作粽子的全过程、南方举行的民俗赛龙舟的热闹场面，激起学生对节日来历的理解及风俗习惯的了解。

这种借助实物和图像创设的教学情境有利于激发学生的学习兴趣，能帮助学生更好地理解教学内容，顺利实现知识的迁移和应用。创设这种类型的教学情境还能够使学生在学习中产生比较强烈的情感共鸣，增强他们的情感体验，把抽象的知识转变成真实的生活事件，使学习成为一种包括情感体验在内的综合性活动，这也正符合品德与生活课程所要体现的核心内涵。

除了借助实物图像，三位教师也在不同环节借助问题来创设教学情境。

有价值的教学情境一定是内含问题的情境，它能有效地引发学生的思考。情境中的问题要具备目的性、适应性和新颖性。

《和动物做朋友》一课中，教师与学生们一起讲述了温馨的故事，回忆了温暖的画面。突然，教师说："接下来，老师还想考考你们，这些动物你们认识吗?"此时的画面依次呈现恐龙等灭绝动物，但画面却是一片空白，只出现动物名称。当第一个空白画面出现时，学生们挠挠脑袋，以为老师弄错了；当紧接着第二张还是空白时，学生善意地提醒："老师，没有啊"；等第三张空白画面再出现时，全班学生一半都站起来，大声喊"怎么没有动物?"教师也是带有疑惑地反问："是呀，怎么没有呀？你们知道这是怎么回事吗?"此时教师将所创设的情境已经带入一个高潮，而这高潮恰恰是本节课教学最重要的学习内容。它具备了情境问题中的"目的性"，指问题是根据一定的教学目标而提出来的，目标是设问的方向、依据，也是问题的价值所在。

再有《我的牙齿》一课，教师与学生一起经历了实验、观察、体验、感受。在这些情境下，教师顺理成章地问"你有什么保护牙齿的好方法呀?"所有学生开动脑筋，将已有认知与刚学到的新知结合起来，说出了很多保护牙齿的方法。它体现了情境问题的"适应性"，就是问题的难易程度要适合全班同学的实际水平，以保证大多数学生在课堂上都处于思维状态。

《过传统节日——端午节》一课中，教师问学生"端午节是哪一天？你能在日历上找到吗?"学生马上在日历上寻找并举手示意。教师问："你是怎么找出来的?"学生说日历上写着呢。接着教师引发思考："是不是每年的端午节都是 5 月 28 日呢?"顿时学生的思维打开了，兴趣也上来了，有的说是，有的说不是，说去年就不是今天。场面顿时热闹起来。这时教师发给学生近三年的年历，学生查找出每年端午节的具体日期，在老师的帮助下明白了每年农历的五月初五是我国的传统节日端午节。这个问题情境的创设具有一定的"新异性"，问题的设计和表述具有新颖性、奇特性和生动性，使问题具有真正吸引学生的力量。

以上两种类型的情境创设是教师们在课堂教学中经常使用的，但教学情境的创设还有很多类型，都要依据教学目标、教学内容来合理创设相应的情境，达到情境运用的效果。

通过对三节课堂教学的具体分析，可以看到教师们都非常注重情境的创设。那么教学情境在品德与生活课中到底起到了哪些特殊作用呢？

1. 通过创设情境，使学生获得丰富的情感体验

教师通过特定情境的创设和气氛的渲染，使学生在学习中产生比较强烈的情感体验，增强他们原有的情感经验。同时把抽象的知识转变成有血有肉的生活事件，而生活事件中均包含或强烈或含蓄的情感因素。因此，学生从道德知识的掌握到践行道德行为的转换过程中，一定要有道德情感的积极体验。在课程标准中，情感态度与价值观居于首位，其中情感又是第一位的，它既是行为的源泉，又是信仰的基础。教师要善于创设情境，激发学生的情感。

2. 通过创设情境，加深学生对问题的认识与理解

教师引用大量图片、故事、短片展示自然界中的动物，以及动物与人类和谐相处的画面；而空白画面的反差刺激，使学生明白什么是濒临灭绝，导致动物灭绝的原因，大大激发了学生的紧迫感和责任感。

这些情境的使用，反映了教学过程中学生认识规律的一个重要方面：直观可以使抽象的知识具体化、形象化，有助于学生感性认识的形成，并促进理性认识的发展。

3. 通过创设情境，使学生从中受到启迪

教师通过有目的地设置疑问，借问题情境启迪学生，引发学生认知冲突，唤起学生的思维。在讲与动物友好相处的重要性时所创设的空白画面，使学生自觉地根据已有的知识，积极地思考，对问题进行各种可能原因的设想。在学生积极、主动的探究问题过程中，深刻感知灭绝的动物从此在地球上消失，使孩子对保护濒临物种的决心油然而生。因此，教师在创设教学情境时，要让师生之间的思维发生碰撞，通过师生相互启发、诱导，使学生的情感体验、道德认知等在情境下不断受到启迪与提升。

4. 通过创设情境，引导学生主动参与获得认知

从上面几个案例中我们感受到，情境的设计是从学生生活经验出发而进行引入的，学生思维不但被已有知识所激活，而且能借助已有知识所带来的自信积极开展小组合作、交流、探究活动。在活动过程中，学生运用知识，运用对道德观点的理解去解决问题，获取更新的知识和实践经验，使学生切实地参与到知识和道德观点形成的过程中。

品德与生活课程就是强调通过儿童的主体参与，让儿童在参与中获得发展。情境体验要面向全体学生，力求人人参与，让每个学生都成为活动的主体。让他们在情境中，对自己已有的生活经验进行体验与反思，从而形成正确的生活态度，养成文明的行为习惯，建构优良的品德。

5. 通过创设情境，激发学生的学习兴趣

在教学中首先注意创设与学生生活环境、知识背景密切相关的，学生好奇、感兴趣的学习情境。这样学生就会乐于参与观察、操作、猜想、推理、交流等活动。

总之，教学情境就是以直观方式再现书本知识所表征的实际事物或者实际事物的相关背景。显然，教学情境解决的是学生认识过程中的形象与抽象、实际与理论、感性与理性以及旧知与新知的关系和矛盾。

创设有效的情境，对于提高课堂教学效率，促进学生的全面发展具有积极意义。有效的情境教学可以让学生迅速建立知识与实践的联系，正确理解课本知识点，可以使学生在体验知识的发生与发展过程中获得感悟，促进自身素质的培养。因此，创设良好的教学情境与氛围，在我们品德与生活课程中尤为重要。

【建议提示】

要想明确创设教学情境的重要性，发挥情境的作用与意义，建议教师做到：

1. 研读课程标准，明确性质与理念，掌握教学实施建议，发挥教学情境在教学中的作用

教学情境的创设要着眼于整堂课的教学，从其承载的教学内容的特点出发，这样更有利于推进整个教学过程，产生良好的教学效果。

新课程改革以来，“创设情境”成为课堂中不可缺少的手段与方法。一些有趣、新颖且富有思考价值、具有挑战性的课堂学习情境令教师们眼界大开。但是，有些教师将大量的精力放在情境的设计上，表面热闹，实际却缺少思考价值和真正的情感体验。所以，再好的情境也应是为课程服务、为目标服务。

2. 把握情境教学和教学情境的区别与联系，掌握教学情境创设常用的几种方法

教师总是将教学情境与情境教学相混淆。教学情境是指教师在教学过程中创设的情感氛围。“境”是教学环境，它既包括学生所处的物理环境，如学校的各种硬件设施，也包括学校的各种软件设施，如教室的陈设与布置，学校的卫生、绿化以及教师的技能技巧和责任心等。我们这节所讲的情境教学是具象的一个个具体实施层面。

依据课堂教学，我们将教学情境大致分为以下几种：借助实物和图像创设的教学情境；借助活动创设的教学情境；借助语言创设的教学情境；借助新旧知识和观念的关系及矛盾创设的教学情境；借助背景创设的教学情境；借助问题创设的教学情境等。教师还可以根据自己的教学经验进一步归纳。

（二）如何创设和运用有效的教学情境？

人的情感总是在一定的情境中产生的，教学中创设与教学内容相应的情境，能创造和渲染气氛，能缩短教学内容与学生之间的时空距离，使学生有身临其境之感。教学情境有很多形式，如图像情境、问题情境、语言情境、虚拟生活情境、直观多媒体情境等。

创设不同的情境都有哪些作用与特点呢？

以图像情境的创设为例。小学生对形象逼真、色彩艳丽、栩栩如生的动态图画、卡片、实物或生动语言的描述都非常感兴趣，思维很容易被激活。由此可见，这种情境在学生头脑里留下的不仅有表象、概念，而且有思想、情感和内心的感受，所有这一切必将促使学生积极进行思维活动。

而问题情境是促进学生建构良好认知结构的推动力，是体验生活中的道德和培养创新精神的重要措施。思维发展心理学的研究也表明，儿童思维的发展是外部活动转化为内部活动的过程。因此，教师给学生提供具有自主探究的感性材料，这样学生有了问题才会有探索，只有主动探索才会有创造。

实践活动是知识内容的再现，通过学生熟悉的活动和游戏，使学生感受到生活周围到处有品德，学习品德与生活的目的就是用来解决生活中的实际问题，并运用所学知识去探索新知。因此，要创设活动情境，为学生提供操作实践的机会，使学生通过动手、动脑、动嘴，把抽象的知识转化为可感知的内容。

再有，低年级的学生对故事非常感兴趣，并百听不厌。因此，以讲故事的形式来创设情境，会让学生全身心地投入到教学活动中去。如经典童话故事、生活典故反映了知识形成的过程或知识点的本质，用这样的故事来创设问题的情境，不仅能够加深学生对知识的理解，还能加深学生对学习的兴趣。

我们不仅要知道情境教学的作用，还要掌握情境创设的一些原则：

1. 生活性

新课程强调情境创设的生活性，其实质是要解决生活世界与科学世界的关系。为此，第一要注重联系学生的现实生活，在学生鲜活的日常生活环境中发现、挖掘学习情境的资源。第二要挖掘和利用学生的经验，学生的经验包括认知经验和生活经验，任何有效的教学都始于对学生已有经验的充分挖掘和利用。

2. 形象性

强调情境创设的形象性，其实质是要解决形象思维与抽象思维、感性认识与理性认识的关系。我们所创设的教学情境，首先应该是感性的、可见的、摸得着的，它能有效地丰富学生的感性认识，并促进感性认识向理性认识的转化和升华。其次，应该是形象的、具体的，它能有效地刺激和激发学生的想象和联想，使学生能够超越个人狭隘的经验范围和时间、空间的限制，既让学生获得更多的知识、掌握更多的事物，又能促使学生形象思维与抽象思维的互动发展。

3. 学科性

学科性是教学情境的本质属性。情境创设要体现学科特色，紧扣教学内容，凸现学习重点。当然，教学情境应是能够体现学科知识发现的过程、应用的条件以及学科知识在生活的意义与价值的一个事物或场景。只有这样的情境才能有效地阐明学科知识在实际生活中的价值，帮助学生准确理解学科知识的内涵，激发他们学习的动力和热情。

4. 问题性

有价值的教学情境一定是内含问题的情境，它能有效地引发学生的思考。

5. 情感性

情感性指教学情境具有激发学生情感的功效。我们的教学不在于传授本领，而在于激励、唤醒、鼓舞。教师的入境入情，会给学生带来情感体验。没有情感的教育不会成为成功的教育，没有情感的课堂不是成功的课堂。平等、融洽的氛围是促使学生主动学习的基础。

既然情境教学一方面能够有效地激发、保持、提高学生的学习兴趣，降低学生学习的疲劳程度，使学生积极地参与教学活动与过程；另一方面能够缩短教师、教学内容与学生的实际经验、接受能力之间的距离，降低教学难度，便于学生准确、快捷地感知、理解、运用教学内容，对于提高课堂教学效率、培养学生的创新精神和实践能力，有着非常积极的意义。那么，课堂教学中如何创设有效的教学情境呢？

案例指引八：做有礼貌的小学生

本课教学共设计了五个教学活动环节。

环节一：创设使用礼貌用语的语言环境

1. 教师自我介绍：我是第一次与你们一起上课，一起学习，我想先介绍一下我自己，我是……的品德与生活课老师，怎么称呼我呀？同学们，你们好。

2. 师生、生生相互介绍。

提出介绍要求：你们谁能像老师刚才那样，先打个招呼，问声好，再介绍一下你自己，咱们互相认识认识。

3. 现场实践：学生可以与教室里的教师或同学打招呼。

4. 交流感受。

5. 小结：看，“你好”这个礼貌用语多好呀，它使我们的关系这么亲密、友好。

环节二：利用视频再现学生每天到校的情景，激起情感共鸣

1. 提问：老师知道你们平时常会使用到这个礼貌用语，那你曾经在什么情况下跟谁使用过“你好”？请你们互相说说，一会儿说给大家听或表演给大家看。

2. 小组交流、全班展示、表演。

3. 过渡：你们可别小看这问候，见面打不打招呼可不一样。我们来看两段视频。（校门口打招呼和不打招呼的情景对比）

4. 看了这段视频，你们有什么感受？

（学生情感被激发，纷纷提出自己的看法与感受）

环节三：播放生活中与家长遇到同学的情境，进行情感体验

（分析兰兰和小雪见面时，一个主动、一个被动的现象，来深化道德观点，使学生懂得使用礼貌用语要真诚）

1. 视频：主动使用与被动使用礼貌用语的对比录像。

2. 问题情境创设：

(1)兰兰和小雪都互相问了好，也和大人问好了。你听了他们的问候，有什么不同的感受呀？

(2)你们认为谁做得更好？为什么？

(3)我们应该怎么和人打招呼？

3. 小结：我们向别人问好时态度要主动，热情，诚心诚意地表达自己对别人的关心和问候。所以，“你好、你早”这种礼貌用语光会说还不行，更重要的是发自内心地、真心实意地去使用。

环节四：利用模拟环境，创设交流氛围

1. 过渡提问：生活中，我们互相问候不仅是在见面时，有时还会在看不见对方的情况下使用，比如打电话时就会用到。我们现在就来练一练，在打电话时，我们应该怎样互相问好。

2. 学生利用虚拟环境进行电话交流。

环节五：在感情激发融入的氛围下进行道德观点提升

总结：通过使用礼貌用语，不但增进了我们之间的友情，促进了我们的团结，更能体现出我们都是讲文明、有礼貌的好孩子。

▲ 从这个案例中，你觉得教师创设了哪些教学情境？效果如何？

【理性思考】

通过案例，我们可以梳理一下教师的教学设计思路。

通过语言交流，学生感受到平日与人说话时使用到了有礼貌的语言→观看一组平日上学打招呼与不打招呼的对比录像，直观感悟到礼貌用语的作用→再现生活中的实际问题，学生自我反思礼貌用语的意义→实践活动，在学习后的感悟基础上，与人对话，体验有礼貌的语言给自己和别人带来的温暖之情。

我们看，教师依据课程标准和教学目标设计了这四个环节的教学，每个环节教师都创设了一些情境，引领学生将一切活动、情感体验带入到这个情境下，使学生在有效、有价值的活动中进一步体验、感悟礼貌用语在日常生活中的作用与意义。

那么，教师都创设了哪些教学情境？彰显了情境的什么原则和特点呢？

1. 创设语言交流情境，基于生活性

上课伊始，教师利用与学生相互介绍的机会，把学生巧妙地带进课堂学习中，在相互交流中积极诱导学生使用礼貌语言，创造一个使用礼貌用语的环境，使学生感受到礼貌用语的魅力，同时也为下面的教学活动做了思想和情感的铺垫。

我们说学生无时无刻不在交流、对话，但这些对话是有意识与无意识共同作用下的反馈，这节课的主题是礼貌用语，教师就要创设一个在使用礼貌语言情境下的有意识的对话。因此，上课伊始，教师就自然地通过相互介绍，创设一个语言交流的情境，使学生联系自己平日的生活，与老师、同学之间进行对话。

2. 创设图像情境，注重直观形象性

此课教学，教师录制了一段学生上学的视频短片，通过放映“在校门口，学生打招呼与不打招呼的对比情景录像”，使学生直观地感受到礼貌用语给我们的生活带来的温馨与温暖。

这个短片很直观地展现了学生到校与同学打招呼和不打招呼的真实情景，学生一目了然，感知到了短短的一句“你好”，是多么的温馨与温暖，一天的学习都是在美好的问候中开始的，感悟到了礼貌用语的重要。

3. 创设问题情境，基于真情性

对于“会用有礼貌的语言与人交流、对话”的现象，学生在平日生活中做得怎么样呢？教师再现学生生活中的实际问题，创设出具体的问题情境，引起学生对已有生活进行道德反思。课堂中，一个小男生就对同学虽然说了“对不起”却还是不认可对方的道歉而心生不痛快。教师抓住契机，引导全班同学分析，找原因。通过问题促进学生的体验、感悟，引导学生认识到使用礼貌用语要发自内心，态度要热情、诚恳，只有真诚地使用礼貌用语才是尊重别人和有礼貌的表现。

4. 创设实践活动情境，体现学科特点

教师精心设计了互动的实践活动，使学生通过直接参与，与周围人发生实际语言交流，产生真实的感受和情绪体验，积累直接经验，获得对生活的认识与理解。使学生感悟到使用礼貌用语、对人有礼貌在与人交往中是十分重要的。

前面在讲情境创设的原则中，我们就提到了学科性。品德与生活课程是一门以小学低年级儿童的生活为基础，以培养具有良好品德与行为习惯、乐于探究、热爱生活的儿童为目标的活动型综合课程。课程具有生活性、活动性、综合性、开放性的特征。教师综合本节课学生的道德认知发展，将理论融入到学生日常行为中去，通过活动来夯实学生的道德体验。

教师对使用礼貌用语的讲授，是围绕教学目标来设计活动的，同时创设了相应的教学情境。那么，恰当运用这些情境，对教学的有效性起到了什么作用呢？

归纳起来，本节课教师通过情境创设，点燃了学生的学习热情；激起了学生主动探索的求知欲望；在情境中，引领学生自主思考、自我反思与教育。因此，教学情境的创设要着眼于整节课的教学，从其承载的教学内容的特点出发，这样有利于推进整个教学过程，从而产生良好的教学效果。

如何创设和运用有效的教学情境呢？

1. 贴近学生生活实际，突出体验性

这个课例很明显地反映出所创设的情境内容是与学生的生活有关的。通过这些情境，引导学生去积极地体验。

我们的课程强调情境创设的生活性，其实质是要解决生活世界与科学世界的关系。课程呼唤科学世界向生活世界的回归，为此，创设教学情境，首先就要注重联系学生的现实生活，在学生鲜活的日常生活环境中发现、挖掘学习情境的资源。

《品德与生活课程标准》指出：“道德寓于儿童生活的方方面面。儿童品德的形成源于他们对生活的体验、认识、感悟与行动。只有源于儿童实际生活的真实道德冲突的教育活动才能引发他们内心的而非表面的道德情感、真实的而非虚假的道德认知和道德行为。”因此，德育的内容和形式都要从学生的现实生活出发，反映他们内在的需要。

2. 紧扣教学内容，突出启发性

从课例中我们还能看出，教师紧扣教学内容，凸现学习重点，使学生的注意、记忆、思维凝聚在一起。而学生也都在积极地参与，被这个环节的教学情境所吸引，引发他们的思考，所以说教师创设的情境具有一定的启发性。

大家都知道，有价值的教学情境一定是内含问题的情境，它能有效地引发学生的思考。情境中的问题要具备目的性、适应性和新颖性。目的性指问题是根据一定的教学目标而提出来的，目标是设问的方向、依据，也是问题的价值所在；适应性指问题的难易程度要适合全班学生的实际水平，保证大多数学生在课堂上都处于思维状态；新异性指问题的设计和表述具有新颖性、奇特性和生动性，使问题有真正吸引学生的力量。

3. 挖掘和利用学生已有经验，突出实践性

教学情境是使学生主动、积极地建构性学习的环境，当然必须符合学生的认知状况。任何有效的教学都始于对学生已有经验的充分挖掘和利用，在此基础上，帮助学生顺利实现知识的迁移和应用。学生可以清晰地感知所学知识能够解决什么类型的问题，又能从整体上把握问题依存的情境，从而灵活地迁移和应用学到的知识。

《品德与生活课程标准》中强调：“教学前，教师应对学生的生活环境、家庭背景有所了解，并通过观察、聊天等调查学生已有的生活经验，根据学生现实生活中存在的问题和需要，创设真实的生活情境，提供多样化的生活体验和社会实践机会。”

讲授此课的教师就是对学生进行了前期观察、调研、访谈等，在学生会说礼貌用语的基础上，分析出学生哪些行为或思想意识是欠缺的，从而创设相应情境，帮助学生厘清意识，开展实践，运用到生活实际中去。

有效的教学情境，一方面来自教师，能够激发学生学习的热情，唤起学生学习的欲望，使学生兴致勃勃，兴高采烈；另一方面就是来自学生，学生通过亲身感受或语言的表达，将所学知识内化，在内化的过程中各方面的能力与素质得到提高与升华，那么这样的情境设计可以说是有效的。

总之，创设情境既要为学生的学习提供认知停靠点，又要激发学生的学习心向。这是情境的两大功能，也是促进学生有意义学习的两个先决条件。

【建议提示】

1. 情境的创设除了掌握其原则，还应注意学习的氛围

基于生活性的情境，还要注意情境的创设要烘托出自由、宽松、民主、和谐的课堂氛围，只有在民主、和谐的氛围下学习、交流、思考，才能让学生真正体验、感知道德观点对自己、对社会的作用。

2. 情境不是生活的简单再翻版

教育是有目的、有计划的行为。生活内容那么丰富，不可能都搬到有限的课堂里。因此，情境不是生活的简单翻版，而是与教学目标相联系，嵌入了教育者希望学生学习的经验、知识和技能。

3. 让品德进入学生的生活，才能落实《品德与生活课程标准》

随着社会的发展，学生的价值观趋向于务实化、功利化和多元化，应该让学生亲自参与探索生活实际，从而获得积极的情感体验，让他们不仅热爱生活，而且关注身边发生的事情。引领学生感悟人生的意义，明辨基本的善、恶、是、非观念，学做负责任的公民，从而使学生的道德境界不断提升。

4. 创设教学情境，构建有效课堂

课堂教学的主旋律是实现有效教学，构建有效课堂教学是借助情境创设这一手段和载体来实现的。因此，对于教学情境的创设，教师要力求调整自己的教学策略，基于问题整体构建教学设计，不断提高教学效果。

三、“整体构建创设情境——细节增效”教学模式的实施策略

(一)为什么在品德与生活课堂教学中关注教学细节尤为重要?

人们常说“细节决定成败”。究竟什么是细节？品德与生活课堂教学中为什么要关注细节？我们先来借助下面的小故事一起来思考关于细节的问题。

故事分享：“浅色的小红花”

在路上听到一个幼儿园的小孩子和妈妈的一段对话：

孩子：妈妈，我觉得我们老师不喜欢我？

妈妈：为什么这么说呀？

孩子：老师给我的小红花印章颜色比×××的颜色浅，都看不清楚。

妈妈：不会的，老师给了你小红花，就说明你很好，老师很喜欢你。

孩子：不是的，有的小朋友的小红花颜色可漂亮了，老师一定喜欢他们。

这个小故事不长，但是却带给了我们很多思考。小孩子的心是细腻的，当他看到的印章颜色太浅时，还不能从教师快速盖印章的动作中找到原因，只能把这一结果看成是老师不喜欢自己。这个故事中的老师的做法，很多低年级老师都可能发生

过，当你“不经意”或者“不以为然”时，其实已经触动了孩子柔弱的内心。由此，我们不难看出教学细节虽小，有时毫不起眼，却对孩子的触动很大，有时它可能是孩子生命成长的营养和人生发展的基石。这个小故事提示我们细节不容忽视。这也提示我们，作为品德与生活课的教师要关注课堂教学细节。

在日常的教学活动中，会遇到无数的、各种的细小情节，我们称之为教学细节。品德与生活课程基于学生的生活，活动是教与学的基本形式。鲜活的课堂教学生态，总是呈现在许多课堂教学的“细节”中间，关注细节，研究细节，正确处理细节问题，是我们研究品德与生活课堂教学有效性的一个崭新视角。因为课堂教学细节虽小，却能投射出教育教学的大理念、大智慧，显示教育教学的真效果，所以成功的教学离不开精彩的教学细节。可以说，教学细节在教学过程中的功能和作用，在促进学生发展中的意义和价值，举轻若重。

案例指引九：节约用水

1. 教师提问：下面分小组进行“滴水”实验，数一数一分钟会滴走多少水？

2. 教师说“开始”，学生分小组演示“滴水”实验并观察。

学生自然地数起数来1、2、3……

3. 活动与讨论：教师请学生汇报观察的结果。

4. 教师提问：把你们每个小组滴走的水都倒在老师这个杯子里，请你们仔细观察又发现了什么？

学生交流发现和感受：一分钟会滴走这么多水！（学生的脸上满是吃惊）

案例指引十：老师，您好

1. 教师：现在我们同桌一起，开展一个“说悄悄话”的活动。

2. 学生：同桌互相开始说悄悄话。

3. 学生A：老师，我想和您说句悄悄话。

4. 教师走到同学A身边，弯下身体接受学生的悄悄话，师生脸上洋溢着灿烂的笑容。

案例指引十一：自觉遵守交通法规

1. 学生观看视频“因交通事故只能靠篮球行动的小女孩”。

2. 学生交流。

学生A：篮球女孩这样生活都是交通事故造成的。

学生B：她还不如死了！

3. 教师小结：是啊，因为交通事故，给小女孩带来了这么大的伤害，真是生不如死啊！所以大家一定要自觉遵守交通法规。

▲你从上面几个教学案例中发现了什么？

【理性思考】

从案例指引九中我们可以发现多处有价值的细节，如学生数水滴的话语，对一分钟滴出这么多水的吃惊表情，教师组织学生小组观察并数一数，教师直接演示收集各组滴出的水的活动，引导学生观察并交流发现……这些都是细节。既有学生的现场表现，又有教师的提前预设。课堂上教师或学生的一句话、一个动作、一种表情，师生之间探究互动的行为组合，在特定情境中学生对探究活动一种重要的行为反映等，我们会感觉到这细节看起来微不足道，若不是有意识地去关注，很可能会被忽略。

“教学细节”是指课堂教学过程中师生间的话语、行为、情感反应以及交互作用的各种细微环节，是课堂教学达成教学目标过程的基本反映，也是教与学互动中的细微之处。那么，品德与生活课堂教学中为什么要强调关注教学细节？关注教学细节对课堂教学会产生怎样的影响呢？

教学细节是微小的，但是研究细节可以让我们从细小的外部现象发现其内部的本质问题，从而有针对性地进行改进或调整教学策略，使教学达成更好的效果，促进教学的优化。

1. 从细节中可见教师理念的变化

教师的教学行为是受一定的思想、理念指导的，有什么样的思想、理念，就有什么样的教学行为。而教学行为的细微之处更能体现出教师的教育理念是否得到了真正的更新和转变，是否已经转化为自己的思想认识并得以自觉地指导自己的教育行为，所以细节见理念。

案例指引十中，当教师把同桌交流悄悄话的任务布置下去后，教师不是做自己的事情，而是关注学生的反应，当学生要和老师说悄悄话时，老师真诚地接受了悄悄话，这悄悄话是真正的只属于这个学生和老师之间的悄悄话。这位教师做得特别好，从这个细节可以看出教师的用心。这个小细节体现了教师真正把自己看成是学生学习的促进者，如果没有这样的理念，教师可能会让学生大声把悄悄话说出来，这时候学生的表达，教师可能更关注的是课堂教学的推进，忽视了学生的情感体验。所以，通过教师教学行为的细节可以看到教师教学理念的转变。

这里说的理念，就是新课改倡导的教学要关注学生，关注每一个学生的发展；关注教师的教要从学生的学出发，要以学生的学为本，要按照学生的学习需要进行，而不是以老师的意志为转移完成老师的教。

注重细节在品德与生活教学中更为重要，因为这门课程是培养学生良好品德和行为习惯，促进学生社会性发展，为成为良好公民奠定基础的课程。而这样的教育目的是要靠点滴认识的不断提升、情感的积累、行为习惯的养成而逐步实现的。口号说教式的教育(高、大、空、远、虚)是不可能实现课程目标的，只有把教育教学根植于学生生活，根植于社会生活，让学生自己在参与生活、参与社会实践的过程中感知事物、感悟道理，发挥学生的主观能动性，用自己的眼睛观察世界、用自己的脑子分析事物、用自己的心灵感悟事物，才能帮助学生获得认识提升和道德水平的提高，才能促进学生的发展。

2. 从细节中可见教师的目标意识

课堂教学的进行，是为了实现一定的教学目标，但是目标是否达成到位，往往就在一个小小细节上，可能是一个小结的提升和点拨，可能是一个问题的引领和思考的推进。目标明确，细节才可能跟进，目标不明，就是在眼前的机会也看不到、抓不着，而错失教学良机。所以细节中可见教师的目标意识。

从案例指引十一中我们看到了这样的教学细节：当听到学生回答“她还不如死了！”时，面对学生这样的反应，我想如果身处教学现场，很多听课教师都可能会一下子愣住，会思考要是自己在现场，该怎么接学生的话呢？学生是不是太没有同情心了，要批评学生吗？而我们看到讲课教师不是简单地批评学生没有同情心，而是站在孩子的角度有效地解读学生语言背后的意思。教师能这样处理这个教学细节，应该说处理得很到位。教师能对学生一句超出预设的回答进行巧妙的反馈和引导，是因为教师心中有目标，才能借助生成的问题，巧妙点拨和引导。可以说，通过教学行为的细节，可以看到教师心中的目标意识，教师心中有目标，才能在课堂生成中抓住细节、用好细节。

3. 从细节中可见教师的功底和智慧

在教学过程中，教师要能够领会学生的情感体验，进行价值观的引领、道德教育的认同，这不仅需要学生有认知，更需要学生认知的内化，有产生行为的动力，而这些需要学生情感的参与。当学生情感有了深入的参与时，教师要领会、要懂得，这样才能抓住机遇，利用学生的朴素情感助推认知的内化，助推情感的升华。

在品德与生活课堂教学中要有抓住细节的意识，能否抓住教学细节并进行有效引导，体现着教师的教学功底和教学智慧。教学智慧主要是教学的实践智慧，是一种正确、合理地认识与解决教学实践问题的才智，表现为教师对教学工作多样化情境的深刻洞悉、把握以及灵活机智的驾驭、应对的综合能力。在教学中处处可见教学智慧，而有时在教学细微之处的小智慧，可能会对解决教学难点有很大帮助，推开学生的智慧之门，点亮学生的思维之灯。正是这样的细节利用、这样的智慧显现，有效地促进了教师对生活事物的感性认识和积极面对与处理，正确地理解与实施。

4. 从细节中可见教师的教学魅力

从教师的教学细节中还可以感受到教师的教学魅力。教师是通过语言、行为动作、手势、表情、眼神、情感态度等各种细节传达出来的，特别是在教学中，这些细节会使教师拥有独特风采，所以说通过教学细节可见教师的教学魅力。魅力在品德与生活课堂教学中的重要性是不言而喻的。“亲其师而信其道”，我们的课程是对学生价值观念给予正确引领的课程，让学生信其道自然很重要。教师用自己个人的教学风格、言行举止的细节魅力吸引学生，使学生愿意学习、愿意参与、愿意接受教育。教师所讲的内容是不是能够感动学生，能否激发学生的情感、触动学生的心灵、唤醒学生的行为动机，关键是看教师能否抓住学生生活的细节，教学是否符合学生实际的真实。

5. 从教学细节中可见教学的成效

在教学中，我们往往认为按照教学设计的蓝本实施了，该讲的内容讲了，该问的问题问了，就是完成教学任务了。但是教学目标的达成度怎样，是否让学生真正接受了，并引起了学生的思考，激活了学生的思维，使学生建构了新的认知……这样的效果，可能就在一个小的教学环节中引导了学生的深度思考；特别是在教学中的一个巧妙的点拨、形象的比喻，使得教学设计得到细致、周详的落实。有时教学细节是课堂教学成与败、教学目标达成的到位与否，或者教学精彩与否的关键，所以有人说：小事成就大事，细节成就完美。细节虽小，但体味其意义，方能显示其魅力；小事平凡，但从中洞察秋毫，才能感悟内在精神和品质。

【建议提示】

要想实现有效教学，抓住有价值的教学细节，建议教师做到：

1. 课前充分研究学生，了解学生特点和需求；课中关注学生在学习活动中的表现，学会解读学生

品德与生活教学强调学生是学习的主体，每个学生都是一个鲜活的生命体，他们的特点和需求各不相同，他们对事物的观察、理解、体验、感悟、表达也各不相同，这些都需要教师去关注。教师只有深入研究学生才能在倾听中读懂学生，读懂学生的表情、情绪、语言，甚至语言背后的小心思，这样教师的教才是基于学生的学，才能有效引导学生的学。

2. 在教学设计和实施时，要从课程定位出发，体现新的教学理念，从学生的实际和成长的需要出发，既关注教的细节，也关注学的细节

要实现有效的品德与生活课堂教学，把握课程定位是体现课程价值的关键。在教学中，有了课程意识，才能更好地从教和学出发关注细节。在教学设计和实施时就会关注到学生的实际和成长的需要，关注到活动中教师要给予学生怎样的支持和引导，关注到学生在活动中是否能有效参与，是否有生成的资源，这样，每个预设和生成的教和学的细节都会成为实现课程价值、促进学生成长的资源。

(二)在品德与生活课堂教学中应关注哪些教学细节?

老子曾说过："天下难事，必做于易，天下大事，必做于细。"意思是说：天下的难事都是从容易的时候发展起来的，天下的大事都是从细小的地方一步步形成的。重视细节自古有之。教学细节就是教学过程中的最基本细胞，细节成就完美的教学。只有关注课堂细节，特别是捕捉有价值的细节，才能使课堂教学焕发出更大的生命活力，才能有效地促进每一位学生的发展，提高教学质量。

课堂教学是教师和学生进行知识、技能学习的全过程，包括教师的讲解、学生的问答，教学活动以及教学过程中使用的所有教具。教学过程中师生间的话语、行为以及交互作用的各种细微环节都是课程目标实现过程的基本反映。在品德与生活的课堂教学中，教师对教材处理的细节，学生活动组织形式的细节，学生情绪变化的细节，教师反馈引导的语言细节，板书设计及板书时机的细节……可以说课堂中的教学细节很多，我们不必也不可能个个都紧抓不放，只需抓住关键细节去突破、去引导、去点拨、去生成，以促进教学。关键细节或是学生学习的疑难之处，或是课堂生成的意外之处，或是教学重点所在，或是学生学习反馈，或是学生言语情绪的特殊之处，抓住这些关键，即能牵一发而动全身，有效促进学生的知识建构及意义理解。

案例指引十二：会赞美多好

在进行《会赞美多好》这个内容教学时，出现了下面的情景：老师让同学赞美他人，之后再赞美自己。一个同学站起来说：“我的字写得很好。”此时班里的同学不约而同地发出“啊”的声音并回头看那个发言的同学。

案例指引十三：讲谦让

一位教师在执教《讲谦让》一课时，为了引导学生在生活中能做到讲谦让，教师创设了“乘车去秋游”的活动场景。全班同学和老师以教室为旅游车，教师有意撤掉了一把椅子，模拟车上的座位。同学排队上车，先上车的同学坐好后，最后一位同学只能站着了。这时，出现了下面的对话：

教师抛出问题：差一个座位，这位同学怎么办呢？

没座位的同学：老师，我站一会儿没关系的。

教师：到秋游的地点需要开很长时间呢，他这样站着行吗？

同学A：你来坐我的位子吧！

同学B：你站时间长了也不可以呀！

同学C：咱俩都瘦，坐在一起挤一挤吧！

教师：同学们，你们为什么要这样做？

学生各自发表着自己的看法，在交流中感悟到在生活中要做到心中有他人，学会讲谦让。

▲你从上面两个教学案例中发现了什么？

【理性思考】

低年级学生不会像高年级学生那样迎合教师的意思，他们在课堂上的表现更真实，更直接。因此，在品德与生活的课堂教学中总会出现很多让我们意想不到的细节。小孩子会因为活动的有趣而欢呼，会因为失去一次上台表演的机会而沮丧，会因为课件中教师无意插入的小动画而走神……教师是否看到了这些细节？在品德与生活的课堂中，很多小的细节组成了生动的课堂，作为教师的我们应该关注哪些教学细节呢？

1. 关注和捕捉教学现场生成的“意外”细节

新课程的最高宗旨是“一切为了学生的发展”，而“发展”是一个动态的过程，这个过程中的具体因素和情景难以预见，由此就有了生成性问题。

“凡事预则立，不预则废”，要想把握住教学的预设和生成，教师就要建立尊重每个动态的生命的观念，理解他们的行为表现，在教学设计时能够尽可能多地预设到学生可能的反应、可能的学习困难、可能的认识误区……帮助他们不断丰富知识、提升能力，澄清认识的策略。这样的充分预设，是把学生当成了正在成长中的生命体，他们需要教师的引领和帮助。同时，教师更不能忽视课堂教学40分钟的生成，因为这40分钟的生命历程，是师生互动、学生全身心投入学习的过程，教学中会有意想不到的生成。

像前边提到的《自觉遵守交通法规》案例中学生那句“还不如死了”的发言，可以说是课堂教学中的一个意外，教师及时捕捉到了这个意外，把这个意外的细节变成了本节课的亮点，成为一个比较经典的案例。因此，教师要关注和捕捉教学现场生成的“意外”的细节。这就需要教师有倾听的意识、习惯和能力，更需要教师能有效地引导和处理。

2. 关注和捕捉教学中学生的态度、表情和举止细节

从心理学角度讲，一个人的言行举止，也就是其表情动作，是情绪和情感的外部表现形式。低年级学生情绪、情感表达不会掩饰，更加直接，所以我们会在品德与生活的课堂中看到学生最真实的情感表达和举止的细节。

在品德与生活的课堂教学中，教师要重视学生的态度和情绪反应，因为学生的每一次态度和情绪的反应都会表达出一个信息。案例指引十二中的同学们，显然对这个学生赞美自己的字写得好的发言有异议，如果教师不注意这个细节，会直接影响本课主题教育的深化。在实际教学中，教师及时引导发言的学生拿出作业本，通过前后的对照，引导全班同学观察、交流、发现，提升认识。对发言的学生来说，他的字和原来比有进步了，这也是值得赞美的事情。在教学中抓住细节，分析原因，抓住学生脉搏，针对学生的认识症结，因势利导，让学生心服口服，会有意想不到的教学实效。

3. 关注教学资源设计的细节

品德与生活课程的资源是多样的、开放的，教师要充分开发并有效利用各地区的有价值的课程资源。教师开发利用课程资源时，基本的出发点应该是为学生获得认知、体验、领悟等提供帮助。如从教学课件呈现的资源来说，字的大小、色彩，使用陈述句还是疑问句，都需要教师仔细斟酌，因为这些细节都会影响到学生的学习。因此，在教学资源的设计和利用时要关注细节。

教学中，教师会利用多种资源，也会引导学生课前搜集资源服务课堂学习。因此，一定要抓住资源中的细节和关键引导学生分析和思考，提高认识。教学细节可以是教师课前的精心预设，精彩的教学细节预设，应用得当也会在教学过程中产生精彩的教学，使学生在学习中获得有效的引导，对提高教学的有效性起到积极作用。

4. 关注教学方式设计细节

品德与生活课程是一门活动型综合课程，《品德与生活课程标准》明确指出：“本课程超越单一的书本知识的传递和接受，以活动为教和学的基本形式。课程的呈现形态主要是儿童直接参与的各种主题活动、游戏或其他实践活动；课程目标主要通过儿童在教师指导下的活动过程中的体验、感悟和主动建构来实现。”在进行主题教学时，教师要关注教学活动设计，尤其是关注活动方式和组织，注意活动的主题、内容、形式、环境等细节，这样才能更有利于促进学生思维的参与，而不仅仅是表面的热热闹闹。

案例指引十三中，教师创设了“乘车去秋游”的问题情境，利于学生全员参与学习活动。在活动中教师设置了“少一个座位”的矛盾冲突，在教师追问下引导学生对问题进行深入思考，可以说，这一学习方式的设计还是比较到位的，既有环境的创设，又有问题的引领。在品德与生活课教学时，教师要善于创设问题情境，开发利于学生思维参与的学习活动，最终实现通过活动获得认知、情感、行为的收获。要关注教学活动组织的细节，让学生思维活跃起来，把死知识变活，激发兴趣、点燃情感之火。

5. 关注教师教学语言细节

人类的语言，是人类传递情感信息的工具。教学语言既是教师教学的基本功和必要素质，也是教学艺术中的一个重要组成部分。透过教师高超的教学语言艺术，学生可以挖掘出教师的思维进程，学习到思考问题的良好方法，捕捉到思维历程中闪现的火花，从而激起提高自身思维能力的愿望。在品德与生活课堂教学中，要关注低年级学生的年龄特点，关注教师的语言对学生学习的意义，力求教学语言富有科学性、逻辑性、丰富性，教学时做到深入浅出、循循善诱，体现学科特点。

教学语言细节与教学效果不可分割，对学生学习兴趣和方法会有一定的影响。在品德与生活课堂教学中，教师说出的每一句话都应该是有思考、有意义的，所以教师在教学语言的研究上要有的放矢。在新理念的指引下，教师要做到心中有目标，心中有学生，这样就会有意识地关注教学语言的细节，就会用语言激励学生、引领学生，提升学生认识，激发学生情感。此外，教学语言的规范性、教学语言的感染力、教学语言的启发性……都需要教师在教学中不断地磨炼，以便更好地服务学生的学习。

【建议提示】

在品德与生活课堂教学设计与实施中，要更好地关注教学细节，建议教师做到：

1. 学习课程标准，把握课程特点，以课程理念为指导，关注教学设计和实施的全过程，细化各环节，体现细节的价值

教学设计是教学实施的蓝图，在进行教学设计时，教师要以课程标准为依据，活动的设计、内容的取舍、学习方式的选择都要体现品德与生活课程的特点，体现课程理念，体现育人的目标。如果教学设计仅停留在教师要完成教学任务的层面，那么就是为了教而设计。确立为了学而设计，需要教师关注设计与实施的关系，细化每个环节，多角度思考学生可能的反应，提前制定引导策略，体现细节的价值。

2. 了解课堂教学的结构和主体，从实现教学主题的教育意图出发，关注教学细节的预设和生成

对生活的热爱是通过细节表现出来的。那么，要实现品德与生活课程的价值，通过课堂教学引导学生热爱生活、提升认识，就需要教师理解教学主题的教育意图，在教学设计时能从活动形式、资源选择、教师语言、问题引领、环境布置等方面做细节上的考虑，促进课程价值的实现。有了课前的充分预设，还需要把关注细节的意识带到课堂教学中，注意倾听和观察，给学生活动、表现、表达的时间，生成的教学细节会让品德与生活课堂成为师生共同成长的舞台。

（三）怎样有效捕捉和利用教学细节促进教学目标达成、增强实效？

教学过程是动态的，是由一个个教学细节组成的。在品德与生活课堂教学中需要教师能够有效捕捉和利用教学细节，引导学生思考、领悟，实现教学目标的达成，提高教学实效。

为达成教学目标，教师在课前都会做好充分的教学预设。不仅会关注到教学环节设计的目的性，更会关注到每个教学活动设计的目的性；不仅会搭建一节课的环节骨架，更会在一些细节上精心打磨。带着成熟的教学设计走进课堂，在和学生互动的过程中，教师也会关注预设的教学细节的处理，最大限度地实现教学目标。动态的课堂，需要智慧的教师。在教学进程中，学生作为鲜活的生命个体，不可能完全按照教师预设的轨道进行学习，学生在学习活动中出现的疑惑的眼神、不服气的表情、课堂中出现的意外事件等，都需要教师能够关注到，处理好，因为对课堂生成的教学细节进行恰当的处理，不仅会影响到学生的反应，更会影响到教学目标的达成，也会成就充满教学智慧、体现学生成长的课堂。

案例指引十四：做家庭小主人

教师问学生：为什么主动做家务？

学生A：能受到老师表扬。

学生B：大家都做我也应该做。

学生C：我怕妈妈太累，分担一下。

教师引导：你们说得都对，但是，大家对C同学的发言有什么看法？

学生热烈讨论。

（最后在老师的引导下，大家明白了C同学不仅主动做家务，还想到家人，和家人一起承担家庭负担，她有家庭主人的责任感）

案例指引十五：认识新同学

有位教师在教学《认识新同学》时，要求学生同桌两人一组做游戏，互相介绍自己。这时老师发现班上同学出现了一个没有同桌的，面对一个单独的学生，教师立即走上去和这个同学组成一组做起游戏来。

案例指引十六：节约用水

一位教师在执教《节约用水》一课时的一个教学细节：

教师示范：蘸了一点水。

教师引导：这就是一滴水，地球上可供我们人类利用的淡水就像这一滴水一样少，我把这宝贵的一滴水攥在手心里，让水宝宝湿润我的皮肤。

教师：下面我们在小组内做一滴水的体验活动，看看一分钟会滴走多少水。

案例指引十七：秋天的收获

教学课件中，A、B两位教师选用的图片如下：

【理性思考】

上面呈现的四个案例，让我们看到了课堂教学中总会出现意想不到的教学细节。教师对不同学生发言的细节处理，引发我们的思考：你能这样追问吗？你能关注到教室中的每个学生吗？你能关注到他们的感受吗？你能想到教师的每个举动都会对学生产生影响吗……面对师生互动的灵动的课堂，怎样才能有效捕捉和利用教学细节促进教学目标达成、增强实效？

1. 注重把握学生脉搏，针对症结，因势利导，有效指导，促进教学目标达成

教师丰富的教学经验会在教学中显示出扎实的教学能力，能否观察到有用的教学细节，能否抓到有教育价值的教学细节，需要教师具有一定的道德敏感性和教学敏感性；要善于观察和发现，倾听学生的见解、学生的心声；能把握学生的脉搏，了解学生的需要；只有这样才能关注细节、抓住细节，有针对性地在细节上做文章，加以教学调控与指导。这是教师的教学基本功，也是实施教学的重要能力。

案例指引十四中三个学生的不同回答，正反映了学生的道德水准的不同层次。

我们固然承认学生的认识水平存在不同层次、允许不同道德水准的存在，但是我们的教育教学不能停留于此，而要善于从学生学习反馈细节之处发现有价值的教育契机，循循善诱、细致入微、顺其自然地推进讨论的深入，有的放矢地进行教育引导，此时的教育润物细无声，这比起说教来的更有效，更容易被学生接受。这细微之处见得教师的深厚教育功底。

2. 注重以学生为本，紧扣教学主题，灵活恰当处理，创造教学精彩

《品德与生活课程标准》指出："引导儿童热爱生活、学习做人是课程的核心。要关注每一个儿童的成长，发展儿童丰富的内心世界和主体人格，体现以育人为本的现代教育价值取向，培养他们对生活的积极态度和参与社会的能力，成为有爱心、有责任心、有良好的行为习惯和个性品质的人。"这些内容的描述都指向的是人的生命成长，指向了教学要以学生为本，关注学生的差异、关注学生的感受。教师只有紧扣教学主题，灵活、恰当地处理教学中生成的细节，才能创造出精彩、有效地教学。

案例指引十五中的教师"面对一个单独的学生，她能立即走上去和这个同学组成一组做起游戏来。"这就是教学中的一个细小的情节，老师随机应变的自然举动，将之前没有同桌一起活动的那个同学的尴尬消失了，和老师一起相互介绍，这份经历对这个学生来说，成了人生的一个小惊喜。教师对细节的捕捉和利用，既保护了学生的情感，又促进了学生能力的提高。

随着教学内容的展开，师生的活动参与、思维发展及情感交流的情况，往往会因为一些偶发的事件突然而至，出现各种教学"意外"情节，而及时捕捉到这个瞬间，巧妙利用，会给学生带来意想不到的启迪，智慧的火花就会在课堂中闪耀，教学也会闪烁出精彩的亮点。处理好这些"意外"会起到升华认识的作用(就是精彩)，处理不好就是教学的败笔。教学精彩的创造不是凭空制造，而是把握住教育的时机，采取有效措施，达成最优效果。

3. 注重明确目的，紧贴生活，生动形象，启迪思维，激发情感

品德与生活课程具有活动性、生活性、开放性和综合性的特点。活动型的教学，学生会有很多意想不到的活动反映，怎样处理？综合性的课堂充满了丰富的教学资源，怎样利用？在处理教学细节时，教师要注重明确教学目的，紧贴学生生活，以生动形象的方式，启迪学生思维，激发情感。

在教学中，我们常常看到老师们会像案例指引十七中的A教师一样选用左边的A组图，因为教师很容易找到类似这样表现丰收的图片。那么对比A、B两组图，我们不难发现，B组图是一个场景，教师可以利用其引导学生从场景中联系自己经历的生活，回顾、体验、收获、感受；可以通过图景中人们的表情、动作等感受到丰收的喜悦或联想、思考、发现……这些，都可以引导学生有效交流。给学生呈现的场景图不同，营造出的环境特点也不同，这个细节设计就更有利于学生联系到自己的真实生活展开学习。这就是细节的力量。

4. 注重突出学生主体作用，激活学生思维，引领学生深入思考

品德与生活课堂教学强调学生的活动，强调学生主体的参与，那么有效的教学不能仅仅停留在让学生身体动起来，更应该激活学生思维，引领学生深入思考。体现学生思维参与的教学细节是课堂教学有效性的真正体现，是教学的亮点。

在进行主题教学时，教师要关注教学活动设计，尤其是关注活动方式和组织，要注意活动的主题、内容、形式、环境等细节。教师都要充分考虑到，才能更利于促进学生思维的参与，而不仅仅是表面的热热闹闹。在品德与生活课堂教学时，教师要善于创设问题情境，开发利于学生思维参与的学习活动，最终实现通过活动获得认知、情感、行为的收获。关注教学活动组织的细节，让学生思维活跃起来，把死知识变活，激发兴趣，会点燃学生的情感之火。

5. 注重给予学生鼓励、支持、信任；给予学生启发、感染、引领和促进

品德与生活课程的特点，要求教师的语言要有示范性、引导性、科学性，在教师教学语言的引导下，促进学生对活动意义的领悟。结合学生年龄特点，教师的语言还要能够给予学生鼓励、支持和信任；给予学生启发、感染、引领和促进。教师语言表达的规范性、情感性的细节都会对学生的学习和领悟产生影响。

案例指引十六中教师在对“一滴水”的处理时，设计了这样一段话“这就是一滴水，地球上可供我们人类利用的淡水就像这一滴水一样少，我把这宝贵的一滴水攥在手心里，让水宝宝湿润我的皮肤。”在这样的语言引导下，课堂中学生表现的是一种庄重感。这份对水的庄重感，正说明了关注教师语言的细节对学生成长的促进，这样的效果来自于教师课前的充分预设。教师在设计活动时，关注到每个细节对孩子的影响，如“学生用手指蘸出的这一滴水怎么处理?”教师反复考虑，如果为了达成认识一滴水这个目标，每个学生蘸出一滴水就可以了，但是学生会不会习惯性地把这一滴水擦掉了，甩掉了……重新设计教学语言，把活动细节做到位，师生共同感受、共同体验，体现了教学语言的魅力。

实施有效的品德与生活的课堂教学，需要教师对课程准确地把握，否则，即使关注到了细节也不能很好地为课程服务、为实现教学目标服务，这样的引领会出现有失偏颇的情况。只有立足课程，发挥教师的教学应变能力，才能捕捉到有价值的细节并很好地利用细节服务教学。

教学应变能力是教学机智，这是教师在教育、教学过程中的一种特殊定向能力。主要是指教师对学生活动的敏感性，能根据学生学习反馈出的情况，特别是意外的情况，迅速而正确地做出判断，随机应变地及时采取恰当而有效的教育措施解决问题。这是教师良好的综合素质和修养的外在表现，是教师娴熟运用综合教育手段的能力，也是教师雄厚的教育教学功底。而这些常常是通过教师对教学细节的把握和精彩处理体现出来的。教师面对学生的反馈，现场生成的现象，应对合理，反映机智，体现了循循善诱，步步深入的效果。

“教学细节看似平常，而平常中蕴含智慧”，正可谓“在具体中显见智慧”。在品德与生活课程的教学中，对教学细节的有效处理彰显着教师的教学智慧。一树一菩提，一沙一世界。课堂教学的每一个细节，都是学生、教师生命发展的节点。我们需要在教学实践中把握住课程标准，关注教学中的细节，实现让学生心动、促进学生行动的品德课堂。

【建议提示】

在品德与生活课堂教学设计与实施中，要实现更好地捕捉和利用好教学细节，建议教师做到：

1. 有目的地利用好预设的教学细节

教师要加强对《品德与生活课程标准》的学习，在体现课程性质的基础上，关注活动设计的目的性，从保证活动有效性上多角度思考。因为课前对活动的内容、形式等进行多角度的设计，对问题的提出、引导等进行多层次的设计，利于课堂教学中有目的地利用好预设的教学细节，实现有效的教学。

2. 发挥教学机智，有效处理教学细节

叶澜指出：“课堂应是向未来方向挺进的旅程，随时都可能发现意外的通道和美丽的园景，而不是一切都必须遵循固定线路而没有激情的行程。”在教学过程中，教师要随时关注学生的表现，善于倾听，善于观察，从促进学生成长和发展的角度思考，捕捉、利用好现场生成的教学细节，赋予细节更多的教学价值和功能，让细节生成别样的精彩，实现师生有效活动的幸福、智慧的课堂。

3. 关注教学细节，有效实施教学策略

点滴的细节决定着课堂效率和质量，我们要打造有效的课堂必定离不开对细节的研究。“整体构建创设情境——细节增效”教学模式的策略，就是要在教学过程中关注三维目标的设定、教学导入艺术、教学机智、学生主体意识体现、学生的情感投入、学生的自学能力、本课的知识点落实以及新课标思想体现等的落实。

第五章
“重过程求多元——以评促学”教学模式的思考与实施策略

引言：为什么课堂教学评价要注重过程和追求多元？

课堂教学评价，作为课堂教学不可缺少的一部分，具有导向、激励、教育、诊断和改进的功能。只有评价合理、准确，评价过程实施恰当，才能有效地通过课堂教学评价的导向机制，促进教师有效转变教育观念，合理确定教学目标，充分挖掘教材内容，科学设计教学过程；更好地将教育目标与学科的教学目标巧妙结合起来，摆脱传统教学模式对教师的束缚；更好地发挥教师的引导作用，从而有效提高课堂教学质量。

那究竟什么是课堂教学评价？品德与生活的课堂教学评价该从哪些方面实施？为什么课堂上有时会出现我们认为评价了，但学生却没有回应，甚至表现茫然的现象……因此，我们需要进一步认识课堂教学评价的概念，思考品德与生活课程倡导怎样的课堂教学评价。

课堂教学评价指对在课堂教学实施过程中出现的客体对象所进行的评价活动，其评价范围包括教与学两个方面，其价值在于课堂教学。课堂教学评价是促进学生成长、教师专业发展和提高课堂教学质量的重要手段。

《品德与生活课程标准》强调：“本课程评价的主要目的是激励每个儿童的发展，促进每个儿童的品德发展与生活能力的提升。本课程的评价以课程目标和课程内容为基本依据，充分体现本课程的基本理念和基本特征，尊重每一个儿童在品德与行为习惯、生活态度及探究能力方面发展的独特性。本课程评价倡导多元、开放、整体的儿童评价观。”因此，在进行课堂教学评价时，我们应特别注意以促进儿童发展为本，不但要注重结果，也要注重过程；不但要注重学生的今天，也要注重学生发展的可能的明天。

品德与生活课程的评价以质性评价为主，量化评价为辅，重视儿童在本课程标准所规定的课程目标和课程内容方面的个性化表现。采用的评价方法主要有：观察、访谈、问卷、成长资料袋评价、作品分析等。通过评价可以了解学生的学习情况，掌握学习中存在的问题和需要，并进行有针对性的引导，最终形成学生自我发展的动力，增强教学实效性。

总之，课堂教学评价是促进课程有效实施的保证。我们必须正确认识并在教学过程中创建多元化的教学评价机制，才能促进学生的发展，增强教学实效。

一、课堂教学评价的意义和有效策略

(一)发展性课堂教学评价对促进有效教学的意义是什么?

说到发展性课堂教学评价，我们会想“发展性课堂教学评价”是什么？它倡导什么？作为品德与生活课教师，怎样理解发展性课堂教学评价呢？我们来做个小测验：

如果有人问你：月亮美吗？

你会怎么回答？

接下来，我们先来看一张图：

如果看了这张图之后，有人问你：月亮美吗？

你会怎么回答？

我想肯定会有一些老师问：你问的是什么时候的月亮？

这个小测验让你想到了什么？其实它就是在告诉我们，不管是在事物还是人的发展中，我们需要使用发展性评价，特别是在品德与生活的课堂上更需发展性课堂教学评价。

什么是发展性课堂教学评价？它对促进有效教学的意义是什么？

发展性教学评价，是指评价不再仅仅是甄别和选拔学生，而是促进学生的发展，促进学生潜能、个性、创造性的发挥，使每一个学生具有自信心和持续发展的能力。其实施的关键是要求教师用发展的眼光看待每一个学生，核心是重视过程的总评价。多种形式结合的评价方式、评价手段，使评价的诊断和发展功能在整个学习过程中，既反映学生全程学习结果，又成为促进学生发展的有效手段。

发展性教学评价具有如下特征：

1. 形成的而非终结的

传统的课堂教学评价注重的是学生的课堂回答与教师预设的答案吻合的程度，

而对学生的思考过程、思维品质漠不关心。而发展性课堂评价虽然也注意到学生答案的正确度，但更重视学生在回答过程中的发展、推理与创新能力的显现。

2. 多元的而非单一的

传统的课堂教学评价存在简单化的倾向，主要表现在追求答案的唯一性和纯知识化方面，运用单一的评价手段与方法，评价显得苍白无力，不能有效地促进学生的发展。而发展性的课堂评价则强调丰富性原则，从多元的角度去考虑问题。这主要表现在：评价的对象是全体学生；评价的内容是多方面的；评价的标准是多重的；评价的方式是多样的。

3. 互动的而非单向的

在传统的课堂教学评价中，教师以自我为中心，以绝对裁判者的身份来评判学生，主观色彩过浓，使学生难以获得客观的评价，也很容易造成师生之间的严重对立。而发展性课堂教学评价注重评价中的互动，以使学生的心灵世界产生强烈的共鸣。

4. 发展的而非奖惩的

传统课堂教学评价以奖惩为主要目的，视奖惩为引起学生重视教学和使学生课堂表现更为优秀的法宝。而发展性课堂教学评价承认学生的个性差异，重视学生的个性发展，相信学生的判断能力，承认学生在课堂教学中的独立价值，尊重学生各方面的发展需求，尽管偶尔也会使用一些必要的奖惩，但它的本质特征是发展的而非奖惩的。

5. 动情的而非冷漠的

传统的课堂教学评价过分注重客观性，由冷静变为冷漠，学生不能从教师的语气、语调、神态、动作中感受到教师对自己的期待。而发展性的课堂教学评价则是在科学分析的基础上，强化情感的因素，学生能够从教师情感化的语言、丰富的面部表情和得体的态势语中，充分领略课堂教学的乐趣，感受教师的澎湃激情和殷殷期望。

发展性课堂教学评价的核心是促进师生交往互动，共同发展。而品德与生活课程旨在培养具有良好品德和行为习惯、乐于探究、热爱生活的儿童。很显然，发展性课堂教学评价是实现品德与生活课程目标的重要手段，可以促进课堂教学的有效实施。

案例指引一：讲谦让

有位教师在上《讲谦让》一课时，出示了“在公共汽车上，李明没有给张伟让座。如果你是李明，会怎么做?”这一问题。有位学生回答到：“我会马上把座位让给张伟”。教师笑着夸奖道：“你真棒!”而对于学生这样的回答：“如果张伟个子比我高，我不一定会让位给张伟”“如果张伟身体不好，我才应该让位给他”“如果我当时身体不舒服，可以让张伟与我挤在一起”。教师没有急于做出评价，而让学生发表自己的见解。

▲ 你从这个教学案例中发现了什么？

【理性思考】

这个案例从互利双赢的价值观和维持底线伦理的角度来看，学生的回答是符合现实的。他们的评价并没有完全排斥他人的想法，体现的就是一种道德思维。他们流露出的想法，实际上包括了：让位的对象可能是弱势群体，让位中包含着共享(两人一起坐，这是他们能接受的最现实的条件之一)。这时教师应引导学生思考的是："在什么前提条件下，我能帮助别人。"作为教师不能不做评价，不评价是对学生的不尊重，久而久之学生在教师面前就不敢流露真情实感，就不愿说真话，就会抑制学生的个性化发展，使我们的品德教育有名无实，成为"表面功夫"的花架子。因此，教师的评价要着眼于学生的个性化的发展，尊重学生的多元选择，保护儿童个性思考的火花，允许学生发表自己真实生活中的不同见解。只有在真实生活中，才能暴露自己对生活中出现的两难困惑，才能发现弱点，调整偏差，谋求改善。

品德与生活课程以儿童的生活为基础，以培养具有良好的品德与行为习惯、乐于探究、热爱生活的儿童为目标，强调道德存在于儿童的生活中。儿童的知识是通过生活及活动中的直接体验、思考、积累而逐步建构起来的；儿童的发展是怀着对生活的热爱，通过参与丰富多彩的生活实践，与外部环境积极互动而逐步实现的。在生活中学习，在学习中学会生活，过健康、安全地生活；愉快、积极地生活；负责任、有爱心地生活；动手动脑、有创意地生活。而发展性课堂教学评价不再仅仅是甄别和选拔学生，而是促进学生的发展，促进学 生潜能、个性、创造性的发挥，使每一个学生具有自信心和持续发展的能力。在评价过程中不断判断、校对、调整，不断提升促进学生发展，培养创新精神和实践能力，促进教师提高，改进教学实践。而发展性课堂教学评价的实施过程，无疑在落实品德与生活课程目标，促进品德与生活有效教学的达成方面发挥着重要作用。

【建议提示】

为了在课堂教学中更好地发挥发展性课堂教学评价的激励、导向作用，建议教师做到：

1. 进行课堂教学评价时，要依据课程目标

课堂教学评价要面向全体学生，从每个学生的原有基础出发，尊重学生的个性特点。注意认知和操行相统一，综合性和简约性相统一，显性表现和隐性表现相统一，采用多元的评价方式激励学生。要关注对儿童活动过程的评价，重视儿童在活动过程中的态度、情感、行为表现以及付出努力的程度。同时积极鼓励儿童自评、互评，鼓励家长与其他有关人员的广泛参与，尺度多元，尊重差异。

2. 要明确课程评价的内容

发展性课堂教学评价以被评价者的素质全面发展为目标；对被评价者的发展特

征的描述、发展水平的认定以及必要的选拔，其目的都是为了更有利于被评价者的后继发展；注重过程评价；关注个体差异；强调评价主体多元化。因此在课堂教学过程中，老师要注重观察，并针对学生的反应和参与活动中真实的情感体验进行评价，这样才能促进课程的有效实施。

(二)课堂教学评价存在的问题及对教学的影响是什么?

课堂教学评价是对在课堂教学实施过程中出现的客体对象所进行的评价活动。课堂教学评价是促进学生发展，培养创新精神和实践能力，促进教师提高，改进教学实践的过程。

但是在课堂教学评价中却存在一些问题，并对教学效果产生了很大的影响和危害。表现在以下几个方面：

1. 教师评价语言单调，喜欢重复学生回答

有些教师课堂调控技巧缺乏，面对学生纷繁复杂的回答，穷于应付。教师没有真正评价学生，学生无法从教师的这类评价语言中获得肯定或否定。即使像“好的”这类评价语言，看似在肯定学生的回答，但因为学生不知道自己好在哪里，所以最终无法肯定自己。这种评价对学生来说是无效的甚至是负效的。

2. 教师评价目标随意，评价缺乏针对性

传统的品德教师常对学生说“你的想法很好”“你做得真棒”以此来表示对学生表现的赞同。但是，这种评价反馈相对于40分钟的课堂教学来说，对于促进学生身心发展的作用是十分有限的。事实上，这种评价反馈忽略了对学生学习兴趣的进一步培养。无关痛痒的随意性评价就像蜻蜓点水，在学生的头脑中很难烙下较深的印记。

3. 教师评价方式单调

往往是口头评价为主，缺少体态语的有机结合，以致感觉有些教师的课堂即时评价比较呆板，缺乏灵气。很多教师对于课堂即时评价的理解仅仅是教师对学生的单向活动，生生之间、组群之间的多向立体互动评价明显不足。

4. 教师评价内容和评价结果单一

教学中评价的内容过于单一，只关注所讲的情感、知识、行为或能力的某一方面，缺乏全面评价的视野和思想。有的教师往往当听到学生的回答命中了自己预设的答案，教师就说“对”，反之，哪怕你的答案再有创意，教师也要“力扭乾坤”，把学生的回答拉到预设的轨道上来，限制了学生的思维，阻碍了学生的发展。

5. 教师评价定势明显

首先以优等生为中心定势。其次评价表扬过度，表现在：一是把表扬作为激励学生的唯一手段，在课堂上经常毫无理由地赞扬学生甚至讨好，简直是难以让人容忍；二是批评、讽刺过于严厉，态度简单粗暴，使学生难以接受，这种压抑的心理很可能产生可怕的后果。

案例指引二：我和动物交朋友

师：动物朋友能为我们做什么呢？

生：大象可以帮我们搬森林里的木头。

师：真不错！

生：大象可以帮我们搬桌椅。

师：真棒！

生：大象可以帮我们搬重的东西。

师：说得真好。

生：大象可以帮我们搬……搬……（使劲儿地想）

案例指引三：春天在哪里

老师放春景录像导入，同时播放悦耳的歌声《春天在哪里》，歌声飞扬，绚丽的春天美景在孩子们的面前展开。

师：刚才在录像中，你发现了春天的哪些秘密？

生：我发现春天粉红色的桃花开了，真漂亮！

师：下一个同学。

生：迎春花开了。

师：下一个同学。

案例指引四：我为家庭添欢乐

师：同学们，我们每个人都有一个幸福的家，那我们怎样为家人带去欢乐呢？

生：我会给他们讲笑话，让他们大笑。

师：对。

生：我会给他们跳舞，让他们开心。

师：对。

……

生：我会收拾好自己的书包……

师打断学生的话：请听好老师的问题，你说的不对。

案例指引五：你棒我也棒

教师：班长从一年级开始始终坚持每天帮老师分发课间加餐，对于班长的行为，你怎么看？

学生：（站起来竖起大拇指）你真棒，向你学习！（课堂上一时间气氛热烈，老师露出了满意的笑容）

班长：老师，我能评评我自己吗？我……

老师：坐下，再来听听大家对你的评价吧。

（班长坐下，始终低着头）

（课下了解，原来班长的行为一开始是班主任老师委派的，其实他本人还因为发加餐影响课间和小伙伴做游戏，跟班主任老师说不想继续发了）

▲ 从这几个教学案例中，你发现了什么？

【理性思考】

以上四个案例反映出的问题，就真真切切发生在我们的身边。课堂中教师的评价语言较为单一、笼统，缺乏针对性与激励性。这些轻描淡写的评价常常是低效或者是无效的，势必会影响课堂教学的效果，无益于学生的发展需求。

《基础教育课程改革纲要（试行）》第 14 条指出：“评价不仅要关注学生的学业成绩，而且要发现和发展学生多方面的潜能，了解学生的发展需求，帮助学生认识自我，建立自信。发挥评价的教育功能，促进学生在原有水平上的发展。”这是对教师的课堂评价提出的要求。

遵循以上的评价要求，梳理课堂教学评价的问题及对教学的影响，表现在：

1. 课堂教学评价目的不清晰，出现假评或虚评，误导教学

我们的课堂是师生之间进行沟通与交流对话的平台。在对话过程中，教师对学生发言的评价是一种及时性评价。正是因为教师要对学生的表现进行及时的反馈与评价，那么在课堂上就会出现一些盲目性，毫无目的的现象。比如，案例二中所表现出来的评价就是这种评价。或许是教师出于对学生的尊重，或许是为了营造宽松民主的教学氛围，或许是为了赏识激励学生，案例二中的教师不断地为学生叫好，一堂课下来“你真棒”“说得真好”“你真了不起”“大家表扬他”等不绝于耳。这种简单的表扬往往并没有多大的激励性，很多时候非但不能激发学生的探索欲望，增强学生的学习动力，有时反而将他们引向思维的歧途。另外，教师的评价语言显得单调、枯燥，缺乏准确精当的点评和引导，缺少生动、智慧的激励和启迪。

品德与生活课程是对学生给予正确价值引领的课程，课堂所进行的观点教育是从各个方面促进学生良好品德形成和社会化发展的。在课堂上，无论是传授知识、提高能力，还是启迪心灵、陶冶学生情操，都离不开教师富有激励性、引导性的评价语言。教学中选用的内容多是生活中的一些问题或现象，需要和学生一起进行判断、分析。若教师对一些情节马马虎虎进行虚假评价，将对学生的价值观形成产生影响。

2. 评价语言缺乏准确和精练，表扬模糊过度或过多过滥，导致教学针对性缺失

课堂教学是师生互动的多边活动。评价作为师生交流的一种有效方式贯穿于课堂教学活动的始终。准确及时的评价对教学活动起着重要的导向和激励作用。案例指引二中的教学评价就会影响教学的正常推进。我们不难看出，老师的“真不错！”“真棒！”“说得真好！”等评价，太过笼统，一味地进行没有指向的肯定性评价反而把学生带到了思维的死胡同，本来是学生展示动物对人类多种多样的帮助，变成动物的搬运比赛。我们不禁要问：难道动物就没有对我们有其他的帮助吗？显然结果是否定的。

有的教师习惯性地认为这是肯定性评价，是对学生的关心尊重，这样的评价就是新课程的评价，就有莫大的意义；有的教师则不屑于这样的评价。其实，真正的问题是评价没有触及事物的本质，“好”“棒”所肯定的是哪方面的能力，是言语表现的勇气？还是学生有着良好的学习习惯、方法？模糊的评价，让学生朝着什么方向发展？这对学生的知识或能力的建构，对于学生的发展，因目标模糊而存在着评价教学意义的缺失。

这样的评价没有明确评价目的，评价随意性、盲目性强，这样会使评价失去其应有的激励作用。针对性缺失会使学生不清楚正确的标准和努力的方向，影响学生的学习积极性、失去兴趣、失去动力，课程价值也就大打折扣了。

3. 不能把握评价的时机，贻误时机，导致评价功能失去效力

课堂上教学评价的最佳时机有时可能稍纵即逝，如果教师不能及时抓住评价的时机，评价的效果就会大打折扣。案例指引三中的教师在评价学生时没能及时做出评价，使孩子的回答千篇一律，毫无创意。评价是动态生成的，如果教师的评价及时到位，有启发性，学生的回答和想法就会层出不穷。

同样是这节课，另一位教师是这样处理的：

老师以春景录像导入，同时播放悦耳的歌声《春天在哪里》，歌声飞扬，绚丽的春天美景在孩子们的面前展开。教师问：“刚才在录像中，你发现了春天的哪些秘密?”一学生说：“我发现春天粉红色的桃花开了，真漂亮!”教师称赞：“你的眼睛真亮，你数过桃花有几片花瓣吗?”(五片)教师追问：“你是怎么记录下来的?”(我用相机拍下来的)教师评价：“你真会观察啊！你们看，这是什么？（出示课件桃花图片）你知道还有哪些花也在春天开放?”学生说道：“我看见校园的花坛里开出了一朵朵金黄色的迎春花，我知道春天来了。”教师又评：“你观察得真仔细，是啊，迎春花虽然小，却早早地迎接春天的到来，瞧，这就是迎春花!”(出示课件图片)学生接着说：“我外婆家种了很多梨树，现在树上开出了许多白白的梨花！这就是我外婆家的梨花”(出示梨花照片)此时，教师称赞：“哇！真是太美了！千树万树梨花开，洁白的梨花真让人喜爱”……

从这两个案例的对比中我们不难看出，评价一定要适时。及时的评价可以激发学生的热情，促使学生积极地去思考，教学效果就会不一样。而教师没有及时评价，学生的思考已退去，教学意义会大打折扣；另外评价提前，学生的表现不充分，评价就会有太多的主观、形而上的因素。由此可见，评价不适时，其意义就难以发挥。

评价也是一个动态生成的过程，其不可预设性注定了评价的随机性。适时的评价对学生的发展能起到画龙点睛的作用。《基础教育课程改革纲要(试行)》指出：“评价不仅要关注学生的学业成绩，而且要发现和发展学生多方面的潜能，了解学生发展中的需求。”抓住评价时机及时肯定、点拨，会使教学活动时效性得到最大化提升；而贻误时机，则会削弱教学活动的效果。评价的根本功能是使评价过程成为促进学生发展和教师成长的有力手段。从学生层面讲，评价的具体功能主要是激励与引导的作用。也就是说，教师应全面看待学生的回答，可以对他们的思路、语言、体态等做出具体分析，努力去发现其中的亮点，进行激励赞赏；当发现学生遭遇疑难困惑时，教师要通过明确、有针对性的评价来引导学生走出歧途，导向正途。

4. 教学评价不能简单化或窄化，会限制学生的认识提升

教学评价是具有导向性功能的，好的评价具有画龙点睛的作用。在课堂教学中，对于来自学生的反馈信息，教师要善于巧妙地点拨、引导、指导学生。简单或者窄化的评价会限制学生的认识提升，打消学生的积极性。

我们从案例指引四中能明确感觉到教师的做法欠妥：一是没有让学生说出自己的真实想法，不能进一步探寻学生认知和情感的深处；二是把评价实施为“对”与“不对”的简单判断层面，对评价功能没有深入理解。

评价具有导向功能，指的是评价对教育活动的引导作用，即引导被评价对象向预定目标前进的功能。任何教育活动都是有导向功能的，但这些导向功能是否能够实现，最终还是要通过评价来达成。只有通过评价，教育活动中的价值才能得到肯定或者否定。反之会限制学生认识上的提升。

5. 评价过于形式化，导致学生学习积极性的挫伤，失去学习动力与欲望

教学评价如果过于简单或窄化，就会带给学生很大的负面影响。是不是我们有意扩大了评价的参与面，使参与评价的人数多起来，场面热烈起来就好呢？说到这个问题，我们通过案例指引五就不难发现，教师把被评价的主体(案例中的班长)排除在评价主体之外，其实也就是对“谁来评价?”的问题，理解上有偏差。面对这种情况不难想象，课下班长的内心会有多么纠结。其实对于这种情况处理起来也并不难，为什么不让班长自己来评一评自己呢？所以，没有对评价主体的了解，使评价流于形式，会大大挫伤学生的学习积极性。

形成性评价设计应当注意评价主体的多元性。教师、学生以及身居课堂之外的家长都可以是评价的主体。评价的主体可分为“个体评价”与“社会评价”两种不同的类型。个体评价是一种以个人为评价主体的评价，“个体”可以指一个人，也可以指具有共同利益的一群人。严格来说，个体评价可以分为两种类型：个体的自我评价和个体对他人他事的评价。例如，学生对教师的评价就属于这一类型。

【建议提示】

为了更好地对学生进行评价，教师要做到：

1. 了解新课程评价的理念，实施有效的课堂教学评价

为了实现新课程的发展目标，必须要建立新课程的评价理念。发挥评价促进学生发展，教师提高和改进教学实践的功能。建立促进学生全面发展的教育评价体系，发现和发展学生多方面的潜能，了解学生发展中的需求，发挥教育的评价功能。

2. 了解评价存在的问题对教学的影响，不断提升评价的意识与水平

现在的课堂教学评价中，存在的一些问题影响着我们的课堂教学效果。教师们可以反思自己的教学中是否有这样的现象，从而尽量避免发生，不断提升评价的水平，以提高教学实效性，真正为学生的发展服务。

(三)课堂教学评价的基本策略有哪些?

随着研究的深入，越来越多的研究者认为，真正意义上的学习是学习者主动建构的过程。评价被用来辅助教育，它是教与学主要的、本质的、综合的一个组成部分，贯穿于教学活动的每一个环节。评价的基本目标是为了教育并促进学生的表现，而不仅仅是为了检查学生的表现；评价是为学习服务的，其目的在于提高学习的效率，是学习的动力和源泉；评价是为人的终身发展服务的。评价应体现以人为本的思想，建构个体的发展。评价要关注个体的处境和需要，尊重和体现个体的差异，激发个体的主体精神，以促使每个个体最大可能地实现其自身价值。品德与生活课程要使评价更具有实效性，就要重视并使用发展性课堂教学评价，了解学生的发展需求，帮助学生认识自我，依据课堂教学评价的基本策略实施。

教师在具体的教学实践中，对于课堂教学评价需采取哪些策略呢？下面先来看一组案例：

案例指引六：课间十分钟

师：同学们，课间休息的时候你们还做了哪些事情呢？

生：我下课的时候，要去厕所。

生：我下课的时候，要去喝水。

生：下课时我要将垃圾扔进垃圾桶，不破坏班级的卫生。

（老师走到他身边）

师：这位同学懂得要保护班级环境，让老师与这位小环保卫士握握手吧！

案例指引七：秋天在哪里

师：大家说说看，你们从哪里发现秋天来了？

生：我看到了美丽的红叶子，知道秋天到了。

（因为周围并没有枫树，学生有可能是信口开河，但他没有责怪学生）

师：你观察得很仔细，不过有的红叶子在春天也有。你再想想，能说清楚是哪一种红叶子就更完整了。

生：（想了想）是爬山虎的叶子，昨天傍晚我和爸爸妈妈去散步的时候，我看到爬山虎的叶子变红了，所以我知道秋天来了。

师：（恍然大悟，赞许学生）你真善于观察。

案例指引八：风儿吹呀吹

师：请你们看一件物品（吹风机），它有什么用？

生：它可以帮我们吹干头发。

师：你们用过它吗？

生：用过。

师：你们看看人类多聪明，这是受风的启示。那你能自己用物品制造风，方便我们的生活吗？同学们回想一下，在生活中有哪些物品可以制造风。

生：电脑的主机里有个风扇，可以制造风，是为电脑散热用的。

师：你看她多善于观察生活、体验生活啊，我们要向她学习。

▲从这几个教学案例中你发现了什么？

【理性思考】

课堂教学评价具有重要的导向激励功能，也是落实素质教育，提高课堂质量的重要途径之一。

1. 评价要动真情

在日常的教学中，教师对学生的评价应该是发自内心的，饱含真情的，只有这样的评价才能打动学生。从案例指引六中，我们看到了教师和学生的手紧紧地握在了一起，看到孩子湿润的双眼，可以感觉到学生内心充满了激动，这份激动来源于教师动情的评价。只有动真情，学生才会从内心受到触动，才会真诚地接受评价，从而产生行为的动力。新课程提倡的发展性评价就是强调教育评价的核心功能——发现和发展学生各方面的潜能，教师的这种发现要用心、动真情，才能最大限度的激发学生的潜能。

教育家陶行知说过：“教育是心心相印的活动，唯独从心里发出来的，才能打动心的深处。”由此可知，无论什么样的评价都必须动情。在教学中教师动真情地实施发展性评价，必能产生良好的教育教学效果。

2. 评价要有针对性

有效的课堂评价是点燃学生智力生活的一个独特的火花，是涤荡学生心灵的一溪活水，是学生融入课堂源源不断的动力。“针对性”应该是课堂评价的灵魂。没有灵魂，即使花样再多，评价也是苍白无力的。因此教师在课堂教学中，要重视对学生多角度、多创意的评价。要根据每个学生表达的独特性和个性化进行针对性的评价。

案例指引七中教师根据学生的回答进行针对性评价，虽然有所质疑但是语气婉转，同时一语中的指出了学生的问题，引导学生对“红叶子”的问题进一步深入思考，从而培养学生养成良好的思考习惯。

每个学生都具有不同于他人的素质和生活环境，都有自己的爱好、长处和不足。如学生在生理特点、心理特征、兴趣爱好等方面都不同。课堂教学评价就要依据每个学生的差异和特点，正确判断每个学生的不同特点及发展潜力；要善于抓住其闪光点多给予他们肯定、赞扬的评价，以此增加他们的自信心；要多给予学生鼓励性的评价，为每一学生提出适合其发展的、有针对性的评价，加强对学生的有效指导和激励，真正满足学生未来发展的需要。

3. 评价要具体

小学生以具体形象思维为主，一般性的评价语言是不太适合的。因此，教师的评价语言要具体化，能指出学生的表现好在哪，怎么好。教师要根据学生的不同表现、不同心态、不同个性，比较恰当地进行具体评价。

案例指引八中的教师根据学生观察计算机风扇的作用，谈到人们对风的利用，非常具体地肯定了学生对生活的观察。这样的评价不讲套话、空话、假话、大话；既不伤害学生的自尊心，也不夸大学生的成绩；不一味地说“你真好”“你真棒”“你真行”，真正让评价语言具有生命的色彩。因此，教师对于学生的“好——好在哪？棒——怎么棒？”的评价一定要具体，既要对学生的学习成果进行判断，更要让学生知道好的程度与努力的方向，这会让更多的学生容易获得同感。

发展性评价的目的是促进学生的发展。通过具体的评价，教师不仅能够比较客观地评判每个儿童不同的发展水平和学习状况，更重要的是，能够发现每个儿童的学习特点、发展优势或进步空间。以此作为基础，教师可以进一步在后续的学习活动中提供指导，从而帮助儿童不断地积累成功的体验，健康自信地成长。

4. 评价要适时准确

适时准确评价的主要目的是激励、促进学生的发展，体现了教育以人为本的价值观。评价是为了把握学生学习的真实状况和教师教学方式的适切性、有效性，以便教师改进自己的教学方法，调整教学策略，从而更有效地实现促进儿童发展的目的。这就需要教师有扎实的基本功，在课前要认真钻研教材，既要备教材又要备学生，只有对学生的回答进行充分预设，才能对学生的回答在短时间内进行判断，从而进行有效的评价。

准确而又得体的评价语言能极大地调动学生的学习积极性。教师准确把握评价尺度，以自然、真诚、恰当、温馨的语言，准确性地评价学生的学习活动，会让学生随时从教师那里了解自己，看到自己在参与学习后取得的进步、成绩或存在的问题。特别在指出学生的缺点、错误时，使用委婉的语言，让学生易于接受，乐于接受。帮助学生认识自我，建立自信，发挥评价的教育功能，有助于促进学生的主体发展。

课堂教学中，教师还要抓住对学生评价的时机，及时地、准确地对学生做出评价。课堂的及时评价就是指课堂教学活动中对学生所做的各种学习行为给予及时的评价，主要起反馈、鼓励、调控和导向的作用。评价时，要特别关注学生的个性差异，注意保护学生的自尊心和自信心，尽量创造民主、平等和温馨的评价氛围。教师不仅从眼神上，而且要从语气、态度、表情等方面调控自己，使学生在教学过程中感受激励和赏识。

5. 评价主体多元、互动

在现代课堂教学评价中，学生既是被评者，也是评价者；学生参与评价可以提高学生的学习积极性和主动性，可以提高学生自我完善、自我改进的积极性，促进学生主动发现自己、主动地发展自己。

传统的教学评价的主体是教师，学生则是被评价者，是评价的客体，在评价中处于被动地位。而新课程需要的教学评价要求评价主体是多元的。评价提倡的是多元化主体，评价包括教师评价、学生自评和互评、学生与教师互动评价等，提倡把学生小组的评价与对小组中每个学生的评价结合起来，教学评价不再是评价者对被评价者的单向刺激反应，而是评价者与被评价者之间互动的过程。

发展性学习评价的主体是多元的，可以互评、家长评、自评。互评能让学生在进行学习和交流的过程中更清楚地认识到自己的优势和不足；家长评价有助于家长对学生的学习有更多的了解；加强学生自评、互评、倾听家长和社会对学生的评价，畅通多方面信息反馈的渠道，从不同角度为学生提供有关自己学习发展状况的多种信息，有助于学生更全面地认识自我，同时从不同的角度去观察、欣赏不同的学生，发现他们的闪光点。

6. 评价要注重学生的发展

我们常常发现有的学生在老师眼里早就被定为是聪明的学生，这是教师脑子中所做的定性评价。在教学中，这些定性的认识时时会影响教师对学生现实表现评价的公正性，结果评价不但难以起到激励作用，反而会影响学生的积极性，甚至使学生讨厌和惧怕教师的评价。这就会极大抑制学生的个性发展，所以在教学中，要用发展眼光看待学生，既不能用唯一标准衡量每一个学生，也不能用固定眼光看待学生。尤其对于那些品德有缺陷的孩子，评价要“货真价实”，这样会使他们易于形成良好的品德。

一位教师在上《秋天到了》一课时，把秋天美景展示出来。学生在观察秋景后，采用各种方法也留下了秋天的美景，有的学生画景，有的学生写景，有的学生在说景，有的学生在唱景。这时，教师没有用统一的尺度去评价学生，而是对学生的表现给予了鼓励性评价。这种评价方式尊重了学生的多元选择和真实的生活体验，极大地促进了学生的个性化发展。

因此在评价时，教师不能武断地把学生的多元选择与答案整齐划一的、用统一标准做比较，从而衡量学生行为指向的对与错；也不能把学生看死，永远用一种眼光去衡量学生。应该用多元的、发展的标准去评价，引导学生向我们所希望的方向或转化或提升。

课堂教学评价过程中我们必须研究评价的方式、方法，只有掌握了评价的目的和规律，才能促成课程有效实施，因此，在发展性评价的指导下，我们要转变单纯的甄别、选拔性评价，着眼于学生的个性化的发展，尊重他们的多元选择，保护儿童个性思考的火花，还要允许学生发表自己在真实生活中的不同见解。只有依据发展性课堂教学评价的原则，才能更好地发挥评价的激励、导向作用。

【建议提示】

为了更大效率的发挥课堂教学评价的作用，建议教师做到：

1. 学习新课程评价的方式及使用方法，做到心中有数

新课程评价为教师们提供了多种评价的方式，教师们可以根据这些方式，结合学生的现状进行合理的使用，从而发挥教育评价的导向、激励等功能，使教学评价变得更有效。

2. 进行教学时，评价要着眼于学生的发展，尊重学生的个性，进行具体、有效的评价。

课堂教学评价要有利于学生的发展，教师应从学生的角度，对于采取什么样的评价方式、手段、策略进行设计整合，这样更能激起学生学习的动力，从而提高学科教学的实效。

二、“重过程求多元——以评促学”教学模式的实施策略

（一）课堂教学评价为什么要注重过程和追求多元？

曾经读过这样一个案例：在美国课堂上，一个学生得出“4＋5＝8”的结论，教师用了三句话加以评价：“很好！”“很接近！”“谁还有不同的意见？”不言而喻，第一个评价是对学生敢于发表意见的赞赏，第二个评价是对学生积极思考的肯定，第三个评价则揭示了回答不正确的结果。在这位教师的评价中，我们看到了教师对于学生学习过程以及学生差异的尊重。数学课如此，我们的品德与生活课呢？

品德与生活课程旨在培养具有良好品德和行为习惯、乐于探究、热爱生活的儿童。作为经验型、体验型的课程，品德与生活课程的教学主要以各种有意义的活动形式展开，活动过程既是学生的情感、态度、认识、能力、品德和行为习惯、学习方式与特点等充分的展现过程，也是其逐步形成的过程。因此，关注学生在活动过程中的表现，不仅为教师了解和评价学生提供了丰富的信息，更重要的是为引导学生、促进每一个学生在原有水平上发展提供了充分的依据和极好的机会。因此，《品德与生活课程标准》在“评价建议”中明确指出：“重视对儿童活动过程的评价，重视儿童在活动过程中的态度、情感、行为表现及付出努力的程度。如关注儿童在活动中是否积极投入，努力探索、思考、想办法解决问题、主动地与同学讨论、克

服困难等。即使活动的最后结果没有达成预期目标，也应从儿童体验宝贵经验的角度加以珍视，而不是仅仅重视最后的结果。”

那么，在活动过程中，学生置身于特殊的场域中，他们对自己以及身边的人与事有着自己的认识与感受，反之，身边的人对其个体来说，也有着各自的认识与看法。因此，在课堂教学中，教师要着眼于学生发展的多元化评价机制，通过对学生有效的评价，帮助学生认识自我，学会生活，建立自信，为他们形成积极的生活态度，良好的道德品质和实际的生存能力打下良好的基础。

案例指引九：我自己会整理

师：下面我们比一比，看谁做得好？比赛的规则是：第一步，请同学们把书包里的东西都拿出来，放在桌子上；第二步，请大家按照今天的课程表，对放在桌子上的物品进行分类，并且把应该放在书包里的物品整齐的摆放在书包里。清楚规则了吗？

生：清楚啦！

师：预备，开始！

学生参与活动。

随着学生完成任务，教师相应地报出学生比赛的名次。最后，显然有一个小男孩动作很慢，但是看得出来，他很努力……

师：好，同学们，由于时间关系，咱们就先比赛到这里，坐好！

案例指引十：祖国妈妈在我心中

师：谁能在地图上找到我国首都“北京”在什么位置？

一位学生到讲台前指地图。

师：对，首都北京就在这个地方，(评价这位学生)你真棒！

案例指引十一：做有礼貌的小学生

师：早上见到老师说什么？

生1：老师，您早！

师：真有礼貌！(在学生的身上贴上一朵小红花)

师：晚上放学和老师说什么？

生2：再见！

师：呵呵，你是一个有礼貌的小学生！(在学生的身上贴上一朵小红花)

……

一节课下来，老师为全班学生总共贴了好几十朵小红花。

案例指引十二：我为家人添欢乐

师：同学们，上节课我们体会了家人的爱，那么我们在家都为家人做些什么呢？请同学们在小组内先小声地交流。

师：谁愿意和大家说说？

学生交流。

师：同学们可真是懂事的孩子，虽然年龄小，但是在家里能够做力所能及的事情，用自己的方式向家人表达自己的爱！

▲你从上面这四个教学案例中发现了什么？带给你怎样的思考？

【理性思考】

回顾案例指引九，相信我们会发现这个案例所呈现的问题是教师的评价更多的关注了学生的活动结果。在教学中，这样的现象比较常见。特别是在公开课上，这样的情况也许就更为突出：教师更多的关注本节课的教学任务能不能完成，每一个教学流程会不会超出预先设计的时间，因而缺少了对学生学习过程的留意与评价。像这样的现象所反映的是“评价过程的关注缺失”问题。

《品德与生活课程标准》在“评价建议”中明确指出：“重视对儿童活动过程的评价，重视儿童在活动过程中的态度、情感、行为表现及付出努力的程度。如关注儿童在活动中是否积极投入，努力探索、思考、想办法解决问题、主动地与同学讨论、克服困难等。即使活动的最后结果没有达成预期目标，也应从儿童体验宝贵经验的角度加以珍视，而不是仅仅重视最后的结果。”我们说，每个学生是带着自己特有的经验、知识、能力、视角与期盼走进课堂、走进教学的。品德与生活教师应该把“课堂教学”的过程视为“与学生共同经历生命成长”的过程，只有在这样的视角下，教师才能够用一双“珍视”的眼睛去观察、发现、赏识、评价每一位学生在生命成长过程中的每一个点滴的努力与进步。说到这里，我们不得不回到刚才的案例并且加以改造：这位老师在其他同学都已经完成任务的情况下，给予这位仍然在“努力”的小男孩以善意的微笑与耐心的等待，直到这位同学收拾完毕，老师评价：“整理得不错！以后多加练习，一定会越来越熟练的！”相信这个评价对于小男孩来说，会起到很好的激励作用。不难理解，第一句话是老师对小男孩在活动过程中所表现出来的态度、行为表现、努力程度的赞赏，第二句话是对他今后生活的一种具体的行为指导与期望。我们说，也许这个小男孩的书包以往都是爸爸妈妈帮忙整理的，今天的整理，是小男孩生命中的“第一次”，因此，他没有相关的经验，也不会有娴熟的动作。但，这是他生命历程中的一次“体验”，体验整理书包的过程，体会整理书包需要技巧等。事实上，无论名次的“前”“后”“好”“坏”，也许对于他来说，已经不重要了，重要的是在老师与全班同学的耐心等待下，他的经历与领悟。品德与生活课堂教学的评价是以学生的发展为本的，旨在激发其内在动力，促进学生在道德认知、情感态度、生活能力、行为习惯等方面的和谐发展，以达成课程的总目标。“以学生发展为本”就不能以一把尺子去衡量所有的学生，要关注每一个学生在其原有水平上的发展。就这一点，在《品德与生活课程标准》的“评价建议”中也有明确的要求，即“尺度多元，不用一个统一的尺度评价所有儿童；尊重差异，关注每一个儿童在其原有水平上的富有个性的发展。”如此看来，如果教师不能够很好的关注学生的学习过程以及学生之间的差异，那么就会使得一部分学生在学习的过程中逐步丧失学习的积极性以及自信心，其结果不利于学生的成长与发展，教学目标以至于课程目标的实现也会因此而成为空中楼阁。因此，教师必须尊重不同学生的差异，理解每一位学生的个性特点，以善意的目光去观察、了解每一个学生，给予学生多元化的评价，并且在课堂教学中使学生获得与其特点相适应的发展。

分析案例指引十，相信老师会发现：这个案例所呈现的问题是以教师的评价为主。在教学中，这种现象也比较多见，有的时候教师也会引导学生来评价，但比较简单、机会比较少。像这样的“评价主体以教师为主”的现象所反映出的是“评价主体的多元化缺失”问题。

《品德与生活课程标准》在“评价建议”中明确指出：“追求多元。评价主体多元，儿童既是评价的对象，也是评价的主体，积极鼓励儿童自评、互评、鼓励家长与其他有关人员的广泛参与。”“积极鼓励儿童自评、互评”是因为人与人之间存在着思维角度、思维方式的差异，就同一问题的理解和解决方法也不尽相同。别人的意见往往正是自己疏忽的，会使自己耳目一新，茅塞顿开。因此在课堂教学中，运用学生自评、互评和小组评价等方式，就会使得评价者在给他人提供参考和借鉴的同时，加深了自己对事物的理解，有助于学生自主意识的建构，实现教学评价的民主、公开与平等。“鼓励家长与其他有关人员的广泛参与。”源于学生是生活在开放的社会当中，随着年龄的增长，学生生活的范围逐渐变大，他们在生活中会接触到不同的人和事情，而在接触过程中，又会得到不同的评价。比如说学生家长、学校的老师以及工作人员、社会上的人都会对学生进行评价，因而也都可以成为评价学生的主体。值得一提的是：这些评价也许并不是以“口头语言”的方式呈现，也许是一个赞许的眼神，也许是一个赞赏的微笑，也许是来自社区的一封表扬信等。如果教师不能够很好的关注，那么势必在教学过程中就不会加以利用，教学的视角必然就会狭窄，从而导致教学实效的缺失。

评价主体过于单一，就会使得评价结果容易出现片面性、主观性，这样就失去客观性和公正性。被评价者往往处于被动的地位，是消极的应付者，不能够充分调动学生学习的主动性和积极性。因此，教师在课堂教学评价中，要从教师的单一主体走向多元主体，这里的“多元主体”，既包括教师的评价和学生的自我评价，也包括学生之间的相互评价、家长的评价、学校教师、校工以及社会成员的评价。这种多元主体的评价，不仅可以更好地加强评价者与被评价者之间的沟通、了解，而且能够更好地促进被评价者的自我参与、自我反思和自我发展。

案例指引十一的教学片段所呈现的问题是什么呢？我们会感觉到这节课的评价方式过于单一，实际上这个现象所反映出来的问题是“评价方式的灵活性缺失”。学生置身于这样的课堂当中，学习的兴趣会随着小红花的不断贴出而减弱。一开始，学生还会感到新奇，愿意努力争取，随着老师的奖励越来越多，学生逐渐对这个内容丧失兴趣；另一方面，假使学生的兴趣不减，那也未必说明这一评价方式有效，为什么呢？也许学生的兴趣点在于“小红花”，而并没有关注学习内容本身。

《品德与生活课程标准》在“评价建议”中明确指出：“本课程采用的评价方法主要有观察、访谈、问卷、成长资料袋评价、作品分析等。”“需要注意的是，不同的评价方法具有不同的功能和作用，为避免方法的局限性，在评价实施中要注意综合运用。”我们会发现课程标准要求我们的评价方式灵活多样。从上面的案例我们可以看到，一方面教师可以丰富评价的形式，比如说鼓掌、竖起大拇指、拍拍学生的肩、赞赏的眼神等；另一方面，教师可以使评价主体多元化，具体来说，除了教师的评价，还可以请同学、家长进行评价。

事实上，我们现在会感受到课堂教学中评价的形式会直接影响课堂教学的效果。只有根据学生的年龄特点、认知规律、兴趣爱好等灵活地选择评价方式，才可能最大限度的激发学生继续学习的兴趣，促使学生以积极的态度不断的深入学习，进而有效地促进学生的发展。

最后，我们来共同研究案例指引十二《我为家人添欢乐》。这个活动主题涉及了学生的家庭生活，教师引导学生交流“自己为家人做什么?”这一话题，为学生搭设了一个自我评价的平台。学生通过回顾自己的生活，从自己的视角去梳理、选取生活中的点点滴滴。但是，学生的年龄毕竟小，有些事情他们做了，也许并没有在意。这就需要借助家长的评价，一方面使得评价更加全面、客观；另一方面也会使得学生的视角更为开阔，认识更为全面。那么，这个案例所呈现的问题是什么呢?是“评价渠道多样性的缺失”问题。

《品德与生活课程标准》在“评价建议”中明确指出：“渠道多元，分析儿童的言语或非言语表达，收集儿童的各种作品，汇集来自教师、同学、家庭等各方面的信息，力求准确、全面的评价儿童。”可见，学生的行为习惯和品德、基本的生活技能大多在家庭或社区环境中得以实践与养成，家长以及其他有关人员都是品德与生活课程的资源和评价者。家长和其他相关人员可以有比较充分的资料和信息对儿童进行评价，因此，除了学生、学生的同伴作为评价者之外，他们也能成为评价的参与者。这些评价同时也是非常宝贵的课程资源，在课堂教学中有效的加以利用，能够很好地增强课堂教学的实效性。

【建议提示】

要理解品德与生活课堂教学评价注重过程和追求多元，建议教师做到：

第一，研读课程标准，理解品德与生活课程的评价目的，发挥评价对于学生学习、生活、发展的促进作用。通过评价，帮助儿童不断积累成功体验，健康、自信的成长。

第二，领会评价的注意点，在课堂教学中加以应用与实践。重视对儿童活动过程中的态度、情感、行为表现以及付出努力的程度。评价要力求主体多元、尺度多元、渠道多元。在教学实践中，教师根据不同的教学内容、学生情况，灵活运用。

(二)怎样使课堂教学评价过程更有效?

有效的课堂教学评价不是表层的作秀，也不是可有可无的衔接，而是通过评价促进师生双向交流，促进学生主体作用的有效发挥，促进学生对知识技能的掌握和道德认知的提升以及学生的个性发展。有效的课堂教学评价直接影响到课堂教学的实效性。

《品德与生活课程标准》指出，本课程“旨在培养具有良好品德与行为习惯、乐于探究、热爱生活的儿童。”“本课程评价的目的在于激励每个儿童的发展，促进每个儿童的品德发展与生活能力的提升。”由此看来，品德与生活课程的评价在于帮助每一个学生不断的积累成功的体验，健康、快乐地成长。因此，只有明确课程目标、课程的评价目的，才能使得课堂教学的评价更加有效。

案例指引十三：我很整洁

师：今天我们要说整洁，肯定就离不开我们的镜子朋友了，我为大家请来了一位神奇的镜子，它要和我们一起玩一个有趣的游戏——会说话的镜子。你们喜欢参加这个游戏吗?

生：喜欢。

师：让我们用热烈的掌声把我们的镜子朋友请出来!

师扮演的“镜子”：同学们，我是会说话的镜子，今天非常高兴，能来到同学们中间和你们做游戏。今天我专门来找整洁的好孩子，谁愿意和我做游戏啊！好，我请那位女同学，到前面来!

师扮演的“镜子”：这位同学你好，你叫什么?

生1：我叫王娟。

师扮演的“镜子”：王娟，我非常愿意和你做游戏。我要仔细地看看你，头发扎了这么多小辫儿，扎得很紧，没有蓬松的地方，脸上很干净，来，笑一个，露出了白白的牙齿，你的笑容可真灿烂！衣服白白的，上面没有污渍、没有灰尘，袜子很白很白，鞋就像新的一样，我觉得你是一个整洁的好孩子，我非常愿意和你交朋友。你呢?

生1：我也愿意和你交朋友。

师扮演的“镜子”：来，好朋友，握握手。

师：怎么样，这个游戏玩得高兴吗？听到镜子在夸奖你，心情怎么样?

生1：很高兴。

师：同学们，这个游戏你们还想玩吗？谁还想扮演这会说话的镜子呢?

(生举手)

师：把机会给你！请到前面来!

师：尊敬的镜子，我想问问你，你想请哪位同学来照镜子呢？

生2：我想请她来！

生2扮演的“镜子”：你叫什么名字啊？

生3：我叫齐雨欣，今年六岁。

生2扮演的“镜子”：让我来仔细观察你，好吗？你的头发扎得很紧，没有一点松的地方，脸也很白，你的衣服也穿得很整洁，穿了一天的裤子也没有什么脏的地方，鞋子也是一样的。可以让我看一看你的手吗？手好干净啊！我很愿意和你交朋友！你呢？

生3：我也愿意和你交朋友！握握手吧！好朋友握握手！

师：同学们，这面镜子多亮啊，一下子就找到了自己的好朋友！我们掌声送给他们好吗？

生2：谢谢大家！

师：还有谁想玩这个游戏啊？每一个人就是一面神奇的镜子，只要你愿意，透过你的这面镜子，你就会发现在你周围会有很多干净整洁的同学，赶快和你的小伙伴一起玩玩这个游戏好吗？

学生相互“照”镜子。

师：刚才我们通过照镜子，发现在你周围有很多干净整洁的孩子吧，都有谁呢？

学生用小手指向干净整洁的孩子。

案例指引十四：会赞美多好

师：你想不想也来赞美一下其他的人呢？接下来就让我们一起来做个活动吧，名字叫作“幸运点击说优点”。(出示学生电子相册)这里面有咱们全班同学的照片，音乐一开始，照片就会一张一张的出示，你们说“停”的时候，大屏幕上的同学就是咱们要赞美的同学。好，咱们开始！

师：谁来说一说她的优点？

生1：她非常爱帮助同学！

师：你发现了她的这个优点，说明你很善于观察！

生2：她画画非常漂亮！

师：看来你有一双会发现的眼睛！

生3：她写字很漂亮！

师：你也很善于观察啊！

生4：她衣服穿得很干净。

师：真是有心的孩子啊！

生5：她跳舞跳得很好看！

师：嗯，你一定看过她的表演。

生6：她的学习有进步了！

师：连她的进步你都看到了，可真是不简单啊！

▲你从上面这两个教学案例中发现了什么？给你带来了怎样的思考？

【理性思考】

这两个案例关注了课堂教学评价，给我们带来思考与启示。

1. 以促进发展为本，关注评价过程

《品德与生活课程标准》指出“本课程评价的主要目的是激励每个儿童的发展，促进每个儿童的品德发展与生活能力的提升。”事实上，这也是我们进行评价的总体目的。只有以新课程的评价理念为指导，才有可能发挥评价的“促进学生发展”的作用，体现课程改革的本质意义。

我们都知道，课堂教学是教与学的过程，也是一个动态的发展过程。在这个过程中每一个学生都是生动的、独立的个体，是课堂上主动求知、主动探索的主体，是学习的主人；学生是通过课堂的教与学活动获得提高和发展的。但是原来的教学只是关注知识、能力的提高和发展，在新课程理念指导下，对“促进发展”有了更宽泛的理解，要求我们不仅要关注学生知识、能力的提高和发展，还要关注学生情感态度与价值观、行为与习惯、过程与方法等更多方面的提高与发展。

新修订的《品德与生活课程标准》就是依据这样的理念，指导本课程的评价实施，要求评价与教学实施整体进行。其实评价不仅关注学生的学习结果，它本身就是儿童丰富多彩的学习过程。在评价的过程中，教师既关注学生学习过程中的态度、情感、行为表现和付出努力的程度，也关注学习活动后达成预期目标的结果情况。教师根据学生在学习过程中的具体情况，进行评价分析，给予有针对性的调控指导，使评价和学生学习过程成为一个整体，伴随着教与学的活动并进，并且得到关注。正是这样，评价才可能深入到学生在教学活动中的发展进程当中去，才能真正发挥导向功能、激励功能和促进学生发展的功能。从这个意义上说，评价是为学生发展服务的，而不是学生的发展围绕评价的指挥棒转。

在《我很整洁》的教学片段中，我们可以看到这位老师是以促进发展的课程评价新理念为指导，在教学设计和教学实施中从整体着眼，将评价有目的、有计划地进行设计并贯穿于整个活动过程之中。而且教师与学生的评价、学生与学生的互评以及学生对一些身边现象的评价和分析，既是教学内容又是教学的评价和指导，使评价具体、真实，具有积极地引领作用，而不是空洞的说教；同时这样的评价又使教学紧密联系学生实际，教师能够根据学生学习过程中表现出的情感态度、思考解决问题、积极探索的投入等方面的情况，随时加以调整和指导，帮助学生认识自我，建立信心，增加学习兴趣，为深度达成教学目标起到积极的促进作用。

学生的评价能力并不是先天具备的，需要教师的帮助与指导，需要在实践中不断学习与提升。回顾《我很整洁》这个教学片段，这位老师不仅从整体上注重评价的设计与实施，在具体细节上，也十分注重过程性评价指导。具体来说，教师注意引导学生从头到脚进行观察和互相评价，这时教师关注的不是谁整洁的结果，而更关注学生对整洁认识的形成以及情感态度的产生。很明显，评价在学习过程中起到了积极引领学习和强化学习要点的作用，并且在情感态度与行为、知识与能力以及学习方式等多个方面给予关注与指导，真正做到了在学习过程和评价过程中促进学生的发展。

2. 明确评价目标，注重评价的多元性

由于本课程的评价是以本课程目标和课程内容为基本依据的，因此评价的具体目标应该是以教学实施的目标和内容为主要依据，并且基本吻合的。在评价中，首先要明确评价目标。明确目标进行评价，才能使评价有的放矢，获得意义。这主要表现在三个方面：

一是从整体的角度看，能使教师有意识的既关注学习结果，又关注学习过程的评价。

二是要求教师在明确目标的同时明确教学和评价重点，以使教师在评价过程中、在关注整体的同时又有所侧重，起到突出重点和强化重点的作用。

三是明确目标可以使教师根据既定目标进行评价，同时又能够结合现场反馈和生成实际情况，随时调整评价，不拘泥于预定目标，使评价具有一定弹性，符合学生实际和发展需要。

在《我很整洁》这个教学片段中，我们可以清楚地看出，教师对于评价目标十分清楚，教学整体实施和评价应该如何进行和引导，设计的教学活动应达成什么目标，也十分明确，所以教学的评价到位，指导到位。学生通过教师的评价和指导、通过互评交流，知道了什么是“干净整洁”，体验到“干净整洁”良好习惯的重要和光荣，从而受到激励，产生愿意培养自己这种良好生活习惯的愿望和动机。

在明确评价目标的基础上，还要注重评价的多元性。这里的多元性主要指：

一是评价的主体多元。就是教师、学生、家长和他人作为评价主体，改变教师是唯一评价主体的一言堂现象，使评价更客观，也拓宽学生认识事物的角度；另一方面在多元评价主体的参与下，特别是让学生作为评价主体参与评价，就可把学生被动的参与评价变为主动参与，从而有效发挥学生主体作用，主动获得提高和自身发展。

二是评价方式多元。新修订的课程标准中提倡使用自评、互评和他评相结合，质性评价与定量评价相结合，过程性评价与终结性评价相结合等多种评价的方式方法，评价力求全面、真实、深入的反映学生特点和发展状况。

三是评价尺度多元。新修订的课程标准中倡导评价标准不唯一，不要用统一的尺子去衡量学生、评价学生，而是要尊重学生的差异，注重学生在自身原有的水平上有所发展。

四是评价渠道多元。可以通过直接沟通了解进行评价，可以通过学生作品、访谈汇集来自教师、同伴、家庭等各方面信息进行评价，追求评价的准确和全面。

从上面呈现的“我很整洁”的教学片段中可以感受到，教师不仅自己做好评价的引领工作，还注重发挥学生的主体作用，设计有趣的“照镜子”游戏性评价活动引导学生参与。学生在这个学习的过程中既是评价的对象也是评价的主体，充分地发挥了学生的主观能动性，引导学生去思考、比较、评判同学的个人卫生情况，使学生一方面在评价中感知、懂得什么是“整洁”，感悟到我很整洁的良好个人卫生习惯的重要性，进而促进他们的道德内化和激发行为动机；另一方面使学生在照镜子活动过程中，通过获得的肯定和表扬而受到激励和鼓舞，增强了自己努力做得更好的信心。

总之，多元化的主体评价，从不同方面、不同角度给学生以认识、行为等方面的有效指导，有利于学生接受教育，有利于促进学生的发展。

3. 巧设情境，注重评价的参与和互动

教学要引导学生主动参与学习活动和评价活动，发挥自身的主体作用，使学生在评价中受益，获得发展和进步，那么关键在于评价活动是否能让学生感兴趣，愿意参与；是否能够帮助学生形成积极的学习态度，因此创设多姿多彩、生动有趣、有意义的学习和评价活动是重要一步。

“会说话的镜子”这个照镜子游戏，生动有趣，符合低年级儿童特点，符合教学内容需要，巧妙地将学习活动与评价活动结合在一起，趣味性很强，极大地调动了学生参与活动的积极性，学生学习和评价过程中，互动交流想法、感受，分享观察结果，在活动的过程中主动地提升了对“整洁”的认识。

在案例指引十四中，我们会看到老师创设了一个“幸运点击说优点”的活动，引导学生积极、主动地赞美别人的优点。这个活动与学生的生活紧密相连，它唤起了学生的生活经验。学生利用已有的认识、印象对同学进行积极的评价，在这个特殊的场域中感受赞美他人的快乐，并在这种积极情感的体验下，自然而然的领会到了“主动赞美他人”的意义。

总之，生活是课程建构的基础，也是教学和评价实施的基础，紧密结合学生实际进行教学和评价，对学生的指导才更有现实意义，也才能更有效地促进学生的发展。因此，课堂教学和评价应该关注学生的生活实际，加强针对性。

【建议提示】

要做到课堂评价过程的多元化，建议教师做到：

1. 关注学生，研究学生，了解学生

在教学中，教师要重视对学生的了解与研究，尽可能发现每个儿童的个性特点、发展需要、发展优势等，为促进儿童的发展奠定基础。

2. 以学生为主体，促进学生个性发展

在教学过程中，教师要以学生为主体，关注学生的表现，善于倾听，善于观察，从促进学生成长和发展的角度思考，发现学生的努力与进步。促使其获得积极的情感体验，在此基础上促进学生的个性发展。

3. 根据不同的教学内容，采用多种形式的评价促进学生品德发展

评价要追求多元，即主体多元、尺度多元、渠道多元。根据不同的教学内容运用形式多样的评价方式促进学生的品德发展，使其健康、自信的成长。

三、课堂教学评价语言的魅力

（一）课堂评价语在品德与生活课堂教学中的作用是什么？

平时我们在课堂教学中常常听到老师这样的话：

“同学们观察得真仔细，找到这么多小秘密，真棒。”

“这些问题太有价值了，老师没想到同学们这么出色！”

“你真聪明，比老师分析得还好！”

“没关系，只要你认为有道理，就要大胆地说出来！”

“没关系。能够站起来面对全班同学回答问题，这说明他思考了，这本身就是收获。”

“同学们讨论得非常好。”

……

在这些课堂教学中，教师和学生对话中生成的瞬时的、即兴的、即时的、即地的一种评价性的语言就是评价语。评价语言往往是对学生课堂学习活动做出的瞬时反应，从而帮助他们调整、控制后续学习行为，它是教师对教学行为所做出的一种情感和行为的反应。

在日常的教学活动中，每节课都离不开评价语，并且伴随课程改革的深入，广大教师越来越重视对课堂教学的评价。具有一定针对性、启发性．鼓励性、指导性的评价语，对学生的学习行为、学习状态，以及对教学效果产生的影响是显而易见的，那么课堂评价语到底在课堂教学中起到哪些作用呢？我们不妨结合教学实践进行一番梳理。

案例指引十五：自己的事情自己做

教学时，一名学生在介绍自己整理书桌的经验之后，教师评价说：“你的方法真好，我相信你的书桌一定非常干净、整齐，我真想亲自到你家去看一看……”

案例指引十六：和动物做朋友

课上，教师在与学生交流为什么要保护动物朋友的时候，一位学生说：“动物能给我们人类提供很多帮助，所以我们应该像朋友一样好好保护它们……”听了学生发言，教师稍作停顿后说：“这位同学真是认真思考这个问题了，对人类有帮助的动物朋友我们要保护他们，还有很多动物和我们一起生活在地球上，它们或许没有给我们带来帮助，我们就不用保护他们了吗？”

案例指引十七：发现有趣的变化

在这一课教学中，老师给学生呈现一封密信，由于经过特殊处理，密信上什么也看不到，教师提问：“你们有什么办法让密信的内容出现吗？”在学生交流阅读密信的方法后，接着追问：“你是怎么知道这些方法的？”其中有一位学生说：“我听高年级同学说过这个事，所以我就知道这个方法了。”话音刚落，老师便说：“你真是一个细心的孩子，能从别人的谈话中获取知识，如果能亲自动手实践一下就更棒了……”

案例指引十八：会赞美多好

教师执教本课时，邀请一位同学在全体同学面前唱首歌，开始的时候还有些羞涩，慢慢地这位学生就进入了状态，越唱越好，并赢得了全体同学的掌声。随后老师这样说：“多么动听的歌声呀，看到你那么勇敢地在同学面前展示才艺，我相信你将来会走向更大的进一步……”

▲从这四个教学案例中，你发现评价语起到了什么作用？

【理性思考】

从上述几个案例中不难发现，教师的评价语有对学生的肯定，也有对学生的引导，还有对学生提出的希望。

例如，案例指引十五中教师的评价语虽然很简单，但是充分肯定了这位同学整理书桌的经验。学生在学习过程中渴望成功，更渴望得到肯定，及时的肯定不仅满足学生心理上的需求，更能极大地调动学习的积极性，为后面的学习提供强劲的动力。当然在实际教学中，学生的发言、表现不一定全是正确的，此时教师的评价语也会像案例指引十六中那样有否定的评判，对学生同样具有指导意义。

著名的教育评价家斯塔佛尔姆强调：“评价不在于证明，而在于改进。”课堂教学中，教师的评价语不只是简单的判断或褒奖，而应注重具体引导，应更多地从内容、方法等方面去点拨和启发。在案例指引十七中，教师对学生留心别人的谈话，并从中获取知识的表现给予肯定，还提出了注重动手实践的希望，这对学生的学习方法起到一定的引导作用。

相对于前三个案例，在案例指引十八中，教师评价语所发挥的作用就不限于对学生的肯定和引导了，更多的是体现了鼓励的作用。童年世界是情绪化的世界，外在的刺激直接影响着儿童的情感。莎士比亚说：“赞赏是照在人心灵上的阳光。”带有赞赏、激励性的评价语或许真的能像一缕阳光，点亮或者挖掘出学生的潜能，最大限度地调动学生的积极性、主动性，甚至改变学生今后的人生发展轨迹。

上述只是评价语在品德与生活课中比较常见的作用。作为德育课程，品德与生活课教学中的评价语还有独特的作用。

1. 明辨是非

《品德与生活课程标准》指出："小学低年级阶段是儿童品德和行为习惯、生活态度、认知能力发展的重要时期。作为德育课程，帮助学生运用已有知识经验明辨是非是本课程的任务之一。"由于品德与生活课的学习内容来源于学生的生活，不仅涉及知识、方法，还涉及正确的情感态度与价值观这个学习目标，再加上一至二年级学生的心理特点、学习特点等多种因素的制约，学生在学习活动中对某些问题进行合理判断的能力存在差异。因此，学生表达的观点、认识以及情感态度与价值观方面也有一定的个性特征。为了让学生树立正确的价值体系，教师借助言简意赅的评价语对学生的行为、观点进行评价是帮助学生明辨是非的高效途径。在上述课例中，教师的评价语很好地向学生阐明了什么是对，什么是错，体现了评价语明辨是非的作用。

2. 正确导向

教师在课堂教学中是学生学习的帮助者、支持者、指导者，对于学生学习活动提供必需的指导、调控，是不可或缺的。恰当的评价语是先进教育理念的体现，不仅是对学生学习进程的指导与调控，也是对学习内容、方法的启发与点拨。作为德育课程，在重视学习内容、学习方法的同时，更重视学生正确价值观的培养。学生在学习过程中有些认识、观点会受到原有经验、生活环境的影响发生偏移，或者认识的程度和水平有待提高，这个时候，就需要教师通过评价语对学生进行适当的引导。例如在案例指引十六中，学生说："因为动物对人类有帮助，所以我们应该保护动物。"这种认识绝对是学生已经生成的认识，是建立在利益关系上的，不是我们所倡导的，和教学目标也存在一定差距。此时，教师既没有热情赞赏，也没有断然否定，而是通过适度评价(这位同学真是认真思考这个问题了)和适时引导(对我们有帮助的动物朋友我们要保护它们，还有很多动物和我们一起生活在地球上，它们或许没有给我们带来帮助，我们就不用保护它们了吗?)，使学生自主意识到自己价值取向的问题，从而纠正了他的人生态度和价值观上的错误倾向，帮助学生建立正确的价值观。在这里，评价语的正确导向作用就不再是普通的引导了，而是具有很强的德育课程的色彩了。

3. 增强信心

《品德与生活课程标准》指出："愉快、积极地生活是儿童生活的主调，它旨在使儿童获得对社会、对生活的积极体验。"低年级学生具有天生喜欢鼓励和赞美的特点，运用丰富、生动的评价语言，就一定能够激发学生学习的热情，让这些孩子们处于一种积极的状态，这个时候他们所释放出的热情和潜能就能充满自信，会向更好的方向去努力、去发展。案例指引十八中，教师的评价语很讲究方法，不仅对学生进行了肯定，同时还对学生的表现提出了鼓舞，让学生一下知道自己的优势不仅在于歌唱得好，更重要的是他很勇敢，他能去更大的舞台展示自我。无形中，树立了学生的自信，不仅对后面的学习起到推动作用，还可能对学生的人生道路起到重要的参考作用。

4. 促进道德发展

作为德育课程，品德与生活课的整个教材中都渗透着对儿童的情感态度与价值观的教育，重视儿童良好品德与行为习惯的养成。教学中评价的目的是鼓励每个儿童的发展，促进每个儿童的品德发展与生活能力提升。因此，评价语的一个永恒的作用就是促进学生的道德发展。无论是直接的赞许，还是委婉的批评，客观、公正的评价语都是在帮助学生正确认识自己，提高自己；向学生传递的是一种正确的是非辨别标准，传递的是正能量。

【建议提示】

1. 要站在课程特色的高度认识评价语在课堂教学中的作用

课堂评价语存在于各个学科的每节课中，但是品德与生活课中的评价语所发挥的作用还是有其独特的地方，这与本课程的课程性质、课程目标有着紧密联系。因此，要切实体会评价语在课堂教学中的作用，还要在熟悉课程性质、课程目标的基础上，结合具体的教学实践，在和其他学科教学的对比中体会才能更深刻。

2. 坚信没有最好只有更好的评价语

人们常说：关注细节的教学，必定是成功的教学；关注评价细节的教师，必定是成功的教师。评价语的作用好与坏、大与小都是课堂教学后期的评判。因为教师在对学生进行课堂评价的时候会受到多方面的影响，例如对教学对象的了解程度、对教材的理解程度、对学生的学习进行即时回应的能力，以及教师个人经验的丰富程度等，使得教师对学生做出评价之前只能对作用和效果有个预判。但是教师只要充分认识到评价语的无穷作用，树立细化评价语、争取最优化的意识，并通过多方面的努力使其成为现实，那时的课堂中就没有最好只有更好的评价语了。

（二）教师课堂评价语中存在的问题及对教学的影响是什么？

伴随教师对本课程在理解上的逐渐深入，很多教师对课堂评价语的应用不仅提高了重视程度，还努力积累，挖掘更多、更好的评价语，使其在课堂教学中发挥的作用更加有效、更加深远。尽管如此，我们也时常发现教师在教学实践中还是存在一定的问题，尤其是在常态教学过程中。

案例指引十九：做游戏守规则

在这一课的教学中，教师组织学生进行两人之间的“掰手腕”游戏。学生们兴致非常高，随着气氛的升温，获胜的学生已经不局限于和原来小伙伴之间的对抗了，而是离开自己的座位，寻找新的挑战对象。这一举动远远超出教师预想的活动方案，最后通过努力终于让所有学生回到自己的座位上，并且近乎恼怒的说道：“你们太过分了，谁让你们随便下座位的”……

案例指引二十：我的事情我来做

在这一课的教学中，教师提问："刚才你们说的这些事情在你们小时候都是家长来做，为什么现在却要自己做呢？"其中一名学生回答："因为我们长大了，自己的事情应该自己做……"之后老师评价说："你说得真好！谢谢你！"

案例指引二十一：冬天里的户外锻炼

教学中，教师提问："你还参加过哪些冬季锻炼的项目？"一位学生回答：我滑过冰，每天还跑步、做操……之后，教师是这样评价的："你真勇敢，第一个向大家介绍自己喜欢的运动项目，并且你的声音非常响亮。"

▲从这几个教学案例中，你发现评价语有什么不妥吗？

【理性思考】

上述三个案例中，教师的评价语都存在一定的问题。

在案例指引十九中，教师是在情急之下说出的评价语，可能是无心的，但是我们能感觉到，这是对学生的埋怨，并且话语中缺乏对学生的尊重。出现这种失控的局面，一方面是由于教师组织上的过失；另一方面也体现出学生在活动中很投入，达到了一种很自然的程度，他们心中不会再考虑是不是在上课，也不用管什么课堂纪律，以一种回归自然的心态，全身心地投入到游戏当中，这样反而能暴露出学生在游戏中的真实状态，更有利于教师发现问题、捕捉问题生成资源。

在案例指引二十中，其实学生回答得非常有水平，既简练，又直奔学习主题。不仅汇报了自己在这个问题上的认识水平，还帮助教师引出了学习内容。然而教师的评价语中没有抓住这个生成的资源，只是草率的给予肯定，应该说错失了一次良好的教学契机。

针对案例指引二十一，我们不妨从教师设问的意图、学生的回答、教师的评价语三个角度综合地分析。教师提问的目的是想组织学生在前期学习的基础上进行交流，让学生感受到冬季户外锻炼项目的多样。学生汇报了滑冰、跑步、做操三种锻炼项目，而教师给予这样的评价语："你真勇敢，第一个向大家介绍自己喜欢的运动项目，并且你的声音非常响亮。"这对学生是给予了肯定，但是肯定的是教师的提问内容，与学生回答的内容没有直接的联系。那么对于这个学生来讲，自己说得到底对不对呢？他一定会产生疑惑的。所以这位教师的评价语看似很尊重学生，也很讲究方法，但是绕了一个大圈子，却没有评价主要内容。

由于课堂评价语是教师对学生的回答、表现做出有针对性的、即时的回应，留给教师思考的余地比较小，教师的评价语难于经过深入的思考和推敲，因此在课堂上呈现的很多评价语都不能很好地体现其应有的作用，致使教学效果逊色不少。比较常见的问题有以下几个方面：

1. 语言匮乏、单调

语言匮乏、单调，是评价语在应用过程中常见问题中的一类，也是最为典型的一类。类似案例指引二十中，教师的评价语“你说得真好，谢谢你!”还有“你真棒”“好，不错”等。

2. 评价维度单一

在教学实践中，我们发现有的教师在评价的时候很有语言天赋，充分发挥语言的魅力，不仅用词华丽，而且内容丰富，但是丰富的语言只是单一的针对某一方面进行评价。例如在案例指引二十一中，教师评价语中涉及的内容当然可以存在，但这只是对学生学习状态的一种评价，只是其中一个维度，重点的还有学生回答的内容，这是一个重要的维度。这样看来，这位教师的评价语至少缺少一个评价的维度，并且是一个重要的维度，显然没有达到课程标准中提出的评价多元化的建议。

3. 评价目的不明确

有的教师的评价语过于啰唆，话说得不少，但是听起来有点不着边际，甚至是跑题。我们还以案例指引二十一为例，教师的确通过评价对学生进行了认可和鼓励，唯独对学生介绍的内容没有做出任何评价，这个维度的内容是和老师前面的提问紧密联系在一起的，是主要的维度。缺失了这个维度，就属于评价目的不明确，其意义也就大减折扣了。

4. 缺乏指导意义

有价值的评价语，一定要对学生有明确的指导和帮助，如果像案例指引二十中教师的评价语那样，只是简单的评价好，没有明确指出好在哪里，比如是学生的观点好，还是表达好、定位好，都没有具体的指导，会让发言的学生一头雾水，聆听的学生更是感到莫名其妙。这样的评价是典型的缺乏指导意义。

那么，存在问题的评价语对学生、教师以及整个教学效果会产生什么样的影响呢?

1. 影响学生的学习积极性，挑战学生的尊严

众所周知，生动的语言最具有感染力，低年级学生在学习中又渴望得到教师的肯定与赞赏。当学生听到教师富有感染力的评价语时，他们的内心充满喜悦和满足，会充满向前的动力和赢得更多赞誉的渴望。相反，单调的评价语，第一次听了之后还会为之心动，如果听多了，就会感到枯燥乏味，出现听觉疲劳，这样的评价语只能是对学生的应声附和，评价语应有的作用将受到弱化。学生从评价语中得不到渴求的鼓励与赞誉，将逐渐失去信心，甚至泯灭学生学习的兴趣，进而影响学生学习的状态。如果教师的评价语中夹杂着直接、粗暴的语言，自然会得到学生的反感和厌恶，让学生感到自己的尊严受到侵犯，没有享受到应有的尊重。那么，我们追求的亲其师信其道，以及让学生自主学习也就成为难上难的话题了。

2. 影响学生在学习中的主体地位，有碍学生长远发展

学生是课堂的主人，教师应把更多的时间和机会留给学生。教师的评价对学生学习活动的评判、引导，有点睛的功效，贵在精和准；如果课堂中出现大量随意性、无目的性、无针对性的评价语只能是浪费学生在课堂中的宝贵时间，侵占学生的主体地位。

学生在课堂中学习的目的是为了发展和提高，师生都希望课堂学习效果实现最大化、最优化，因此教师在设计活动过程中都在追求一石三鸟的效果，甚至一石多鸟，以提高课堂效率。如果教师的评价语总停留在比较单一的维度上，学生的思维总是单线发展，教师就会放弃很多教育的契机。这样的结果是不利于学生认识水平的提升、视野的开阔，更不利于知识体系、价值体系的建构。

评价语是师生在课堂中交流互动的重要组成部分，而教师对学生的指导也更多是利用这个契机加以实施，进而帮助学生调整认识和学习状态，改进学习方法，引导学生向更高一级台阶攀登。如若评价语中缺乏指导，那前面所说的目标就难以实现，甚至影响学生更长远的发展。

3. 体现教师教学观念和教学能力，波及整体教学效果

苏霍姆林斯基指出："教育的艺术首先包括谈话的艺术。"说明教学效果很大程度上取决于教师的教学语言，特别是课堂评价语言。尽管评价语运用不好的原因是多方面的，但是终究和教师的个人教育理念、知识储备、经验积累、应变能力等因素有关系。这些因素不仅代表着教师的执教水平，更能影响到教师在学生心目中的威信，进而波及整体教学的效果。

【建议提示】

1. 了解问题，积极改进，促进学生的发展

教学中评价语的质量与教学效果是成正比关系的。教学评价语有其普遍存在的问题，也有个性化的问题，这涉及教学对象的特点和教师自身的特点。需要教师在充分了解，认识评价语的常见问题的同时，进行个性化分析，结合自身教学现状进行剖析，发现实实在在的问题，并有针对性的改进，这样才能促进学生的发展。

2. 强化认识，提升能力，不断增强教学实效

教师要把学生的发展放在首位，做教学的有心人，在实践中不断地学习、积累，不断增强知识储备，提升教育机智，充分发挥评价语的重要性，促进教学更具实效。

(三)怎样使用评价语为教学增添精彩?

对于"怎样使用评价语为教学增添精彩"这个话题，很多老师会非常感兴趣，因为每位老师都希望自己的评价语充满魅力，能有效的影响学生的学习态度，能促使学生更好地掌握知识与技能，改进学习方法，帮助学生树立正确的价值观。什么样的评价语才能为教学增添精彩呢?

案例指引二十二：有趣的变化

在讲《有趣的变化》一课时，小组开展观察水爬高现象的实验，教师问：你们发现了什么变化？

学生1：我发现水沿着纸一点点扩大了。

学生2：我发现餐巾纸比作业纸要薄。

学生3：我发现塑料片、木板条吸水吸的慢。

评价语：“你们简直有一双孙悟空的火眼金睛！这么快就发现其中的变化啦！”“看得出，你观察得真仔细！这么细微的变化都被你给发现了！”“你不仅观察得仔细，还能通过比较分析出问题，说明你是个爱动脑筋的孩子！”。

案例指引二十三：感受丰富多彩的生活

在讲《感受丰富多彩的生活》一课时，有位学生为大家展示北京小吃图片，并做介绍。大家都睁大了眼睛。这时教师看到一位同学一边看还一边把图片展示的食物往嘴里送。于是，这位教师看了看全班同学，煞有介事地说：“这位同学介绍得多好，×××同学听得都入了迷了。我发现他在看的过程中，一边把小吃往嘴里塞，一个劲地嚼，还使劲咽过好几次口水呢。”同学们都笑了起来。教师马上接着说：“北京的特色小吃，肯定在他的头脑中变成了一幅鲜明生动的画面。”

▲在这两个教学案例中，你发现教师使用的评价语言都有哪些特点？

【理性思考】

在案例指引二十二中，教师的评价语有这样几个特点：

首先，针对学生汇报的观察结果，教师的评价语既有对学生的肯定和鼓励，又有对学生方法的指导，集中了导向清、维度多、指导到位的多功能意图。

其次，教师在评价语中加入了拟人的方法，增加了评价语的趣味性，从而活跃学生的学习气氛，更加有效地调动了他们的学习热情。

这样一来，就为学生后面的学习奠定了情感基础，并且在方法上、学习态度上都做了铺垫。简单的几句话，就达到了多种目的，是课堂增彩的一种体现。

而在案例指引二十三中，教师的评价语也非常巧妙。精彩就在于老师发现与众不同的学生，没有单独对其进行评价，而是因势利导，借助这位学生的行为，通过近乎夸张的评价语把这位同学的行为转化成一种资源，提升了学生对北京小吃的认识，同时也丰富了情感。试想，如果教师单独对这位同学的行为做出回应，少不了会出现尴尬的局面。在这个问题的处理过程中，教师的评价语可以说非常具有艺术性，同样成为本节课的精彩之处。

新课程的改革为课堂教学方式提出了发展和建设的要求，那就是要创设一个有效的课堂学习氛围。而在整个课堂氛围中，评价语言作为课堂氛围的形成因素，是教师建设课堂文化的一个侧重点。要让评价语为课堂教学增色，就需要在充分把握课程性质的基础上，针对具体教学环境，努力使评价语的作用达到最大化。

1. 评价要有效度

评价语的效果如何，作用大小，就是评价语的效度。也就是说评价语越有效度，其为教学增添的精彩越多。

我们在前面列举的那些运用评价语过程中存在的问题都会影响评价语的效度，所以，针对评价语的效度，我们就要做到：

(1)评价目的明确，有针对性。

评价要到位。评什么？要和教学目标紧密联系。因为学生的活动是围绕教学目标开展的，偏离了，或者呈现了差距，教师自然要借助评价语将学生引导到正确思路上来。

(2)评价要多维度，是非清晰。

多元智能理论认为：每个人都同时拥有九种智力，这九种智力在每个人的身上以不同的方式，不同的程度组合存在，使得每个人的智力都各具特色。因此，评价要从多角度、多层次进行，无论从哪个角度进行评价，语言都要清晰的表达对与错，使学生通过教师的评价语，建构起正确的道德认识和知识体系，这样才有利于学生更加全面的发展。

(3)立足学生发展，有具体指导。

课堂上，学生完成活动、回答问题的过程是一种自我感悟的过程。教师对学生活动的结果做出的评价本身就是一种指导。此外还需要教师依据本课程综合性的特点，从其他课程目标的角度对学生进行因势利导，帮助学生成长为一个拥有健全人格的合格人才。

2. 评价语要有艺术性

准确生动的教学语言具有巨大的艺术魅力。它深入浅出，通俗易懂，具体形象，富有表现力和强烈的感染力。教育心理学研究表明：一个人只要体验一次成功的喜悦，就会激起无限力量。因此，教师不仅要善于激发学生心灵深处那种强烈的探求欲望，而且更要善于利用丰富的评价语言，让学生获得成功的情感体验。

评价语的艺术性表现在语言的丰富多彩。由于学生认知水平的差异，在课堂上的表现不尽相同。当学生的回答有失偏颇的时候，以往大多数教师会以“错了，请坐！”“不对，谁来？”这些单一的语言来否定学生的回答，并期盼其他学生的正确回答。而在新课程理念的指导下，教师已善于运用巧妙机智的语言来纠正，鼓励学生的回答。

评价的艺术性还表现在幽默地评价。例如案例指引二十二中，教师机智幽默的评价语言可以说是最直接、最有效，也是最不露痕迹的激活学生思维的方法。这种评价语言可以使学生对所学知识加深记忆，更好地进行情感交流，解除尴尬的气氛。使用幽默性的语言，能更多地从正面引导学生，提升对教学内容的理解。

评价语的艺术性还体现在无声胜有声。学生们从教师亲切多样的体态语言中感

PINDE YU SHENGHUO
YOUXIAO JIAOXUE MOSHI
品德与生活
有效教学模式

小学课堂有效教学模式
初中课堂有效教学模式
高中课堂有效教学模式
小学语文有效教学模式
小学数学有效教学模式
小学英语有效教学模式
品德与生活有效教学模式
品德与社会有效教学模式
小学科学有效教学模式
初中语文有效教学模式
初中数学有效教学模式
初中英语有效教学模式
初中物理有效教学模式
初中化学有效教学模式
初中生物学有效教学模式
初中思想品德有效教学模式
初中历史有效教学模式
初中地理有效教学模式
中小学体育与健康有效教学模式
中小学音乐有效教学模式
中小学美术有效教学模式
中小学信息技术有效教学模式

ISBN 978-7-303-13757-2
9 787303 137572 >
定价:18.00元